VIGILÂNCIA SOCIOASSISTENCIAL
CONCEPÇÃO E OPERACIONALIDADE NO TERRITÓRIO BAIANO DE IDENTIDADE PORTAL DO SERTÃO (2016-2019)

Editora Appris Ltda.
1.ª Edição - Copyright© 2023 da autora
Direitos de Edição Reservados à Editora Appris Ltda.

Nenhuma parte desta obra poderá ser utilizada indevidamente, sem estar de acordo com a Lei nº 9.610/98. Se incorreções forem encontradas, serão de exclusiva responsabilidade de seus organizadores. Foi realizado o Depósito Legal na Fundação Biblioteca Nacional, de acordo com as Leis nos 10.994, de 14/12/2004, e 12.192, de 14/01/2010.

Catalogação na Fonte
Elaborado por: Josefina A. S. Guedes
Bibliotecária CRB 9/870

B862v
2023
	Brito, Emanuela Silva
	   Vigilância socioassistencial : concepção e operacionalidade no Território Baiano de Identidade Portal do Sertão (2016-2019) / Emanuela Silva Brito. – 1 ed. – Curitiba : Appris, 2023.
	   124 p. ; 21 cm. – (Ciências sociais).
	
	   Inclui referências.
	   ISBN 978-65-250-5330-1
	
	   1. Assistência social – Bahia (BA). 2. Política social. I. Título. II. Série.
	
	                                                     CDD – 361

Livro de acordo com a normalização técnica da ABNT

Appris *editora*

Editora e Livraria Appris Ltda.
Av. Manoel Ribas, 2265 – Mercês
Curitiba/PR – CEP: 80810-002
Tel. (41) 3156 - 4731
www.editoraappris.com.br

Printed in Brazil
Impresso no Brasil

Emanuela Silva Brito

VIGILÂNCIA SOCIOASSISTENCIAL
CONCEPÇÃO E OPERACIONALIDADE NO TERRITÓRIO BAIANO DE IDENTIDADE PORTAL DO SERTÃO (2016-2019)

FICHA TÉCNICA

EDITORIAL	Augusto Coelho
	Sara C. de Andrade Coelho
COMITÊ EDITORIAL	Marli Caetano
	Andréa Barbosa Gouveia - UFPR
	Edmeire C. Pereira - UFPR
	Iraneide da Silva - UFC
	Jacques de Lima Ferreira - UP
SUPERVISOR DA PRODUÇÃO	Renata Cristina Lopes Miccelli
ASSESSORIA EDITORIAL	William Rodrigues
REVISÃO	Pâmela Isabel Oliveira
PRODUÇÃO EDITORIAL	William Rodrigues
DIAGRAMAÇÃO	Yaidiris Torres
CAPA	Matheus Davi
REVISÃO DE PROVA	William Rodrigues

COMITÊ CIENTÍFICO DA COLEÇÃO CIÊNCIAS SOCIAIS

DIREÇÃO CIENTÍFICA Fabiano Santos (UERJ-IESP)

CONSULTORES
- Alícia Ferreira Gonçalves (UFPB)
- Artur Perrusi (UFPB)
- Carlos Xavier de Azevedo Netto (UFPB)
- Charles Pessanha (UFRJ)
- Flávio Munhoz Sofiati (UFG)
- Elisandro Pires Frigo (UFPR-Palotina)
- Gabriel Augusto Miranda Setti (UnB)
- Helcimara de Souza Telles (UFMG)
- Iraneide Soares da Silva (UFC-UFPI)
- João Feres Junior (Uerj)
- Jordão Horta Nunes (UFG)
- José Henrique Artigas de Godoy (UFPB)
- Josilene Pinheiro Mariz (UFCG)
- Leticia Andrade (UEMS)
- Luiz Gonzaga Teixeira (USP)
- Marcelo Almeida Peloggio (UFC)
- Maurício Novaes Souza (IF Sudeste-MG)
- Michelle Sato Frigo (UFPR-Palotina)
- Revalino Freitas (UFG)
- Simone Wolff (UEL)

Aos que acreditam na Vigilância Socioassistencial como função estratégica de profissionalização do SUAS e torna real o impulso qualitativo da Política Pública de Assistência Social – UBUNTU: eu sou porque nós somos!

AGRADECIMENTOS

Simplesmente agradecer a Deus, Mestre Jesus e a Espiritualidade Maior, que me acompanha de sempre e para sempre em todos os empreendimentos, sonhos e desejos neste meu plano encarnatório.

À minha companheira de todas as horas, Adriana, pela paciência, apoio, partilha, cumplicidade e confiança nesta árdua caminhada. Pelo amor construído, colorido e solidificado em todos esses anos. Por junto com nossa filha de quatro patas, Aninha, me aguardar incansavelmente das idas e vindas de São Paulo durante dois anos consecutivos. Aos meus pais, Emmanoel e Adenilza, minha irmã Jamile e meu sobrinho Ian, por todo o apoio, palavras de incentivo constante e encontros afetuosos.

Aos companheiros e companheiras que logo se consolidaram como amigos e amigas do Maestria para a vida, especialmente à Angélica, que dividiu o quarto, as reflexões críticas, construções textuais, troca de experiência, afeto e amizade durante as nossas estadias no São Paulo Lodge. Aos nossos mestres e doutores, que promoveram momentos inesquecíveis de troca e expansão do conhecimento e por nos inspirarem a cada encontro o pensar solidário sobre nosso partido, nossas cidades, nossos estados e nosso país.

À minha orientadora, Márcia Cunha, pela disponibilidade, paciência, atenção, cuidado e disposição em clarear meus questionamentos. Gratidão pelas orientações, correções e sugestões pertinentes, por acreditar em mim e estimular a qualificação da minha pesquisa e militância em defesa da Assistência Social, que acredito e luto no meu cotidiano profissional. À Marcela Silva, Andrea Azevedo e Alessandra Felix, por aceitarem compor a banca de defesa, contribuindo para a resistência das ciências humanas e sociais nesses tempos sombrios. À Laura Bamberg, técnica da Coordenação Estadual da Vigilância Socioassistencial e companheira do Fórum de Trabalhadores/as do SUAS da Bahia – FETSUAS/BA, que contribuiu enriquecendo a pesquisa com dados territorializados.

Aos municípios, equipes e usuários/as que me acolheram durante esses 15 anos de exercício profissional na Assistência Social. Aos municípios do TI Portal do Sertão, que contribuíram significativamente para a pesquisa, com dados fidedignos. Ao Serviço Social, que me proporciona realização de sonhos, conquistas pessoais e coletivas diariamente, a partir da defesa de um projeto de sociedade radicalmente democrático. À Fundação Perseu Abramo e ao Partido dos Trabalhadores, por me permitir reencontrar com a pesquisa e me proporcionar formação política, qualificação científica e esperança por dias melhores.

Gratidão, gratidão e gratidão!

PREFÁCIO

Vigilância Socioassistencial forte para uma política de Assistência Social forte

O trabalho de Emanuela Silva Brito faz uma contribuição importante para estudiosos e profissionais do campo da política da Assistência Social, mas também para interessados de fora dele. Para o campo, porque trata de objeto que tende a ganhar menos atenção que outros elementos da política — a Vigilância Socioassistencial —, mas também para além dele, porque, ao discutir a Vigilância Socioassistencial, a autora ilumina entraves e potencialidades semelhantes aos existentes em outras políticas ou mesmo em outros espaços de intervenção.

A questão na origem da pesquisa que dá corpo a este livro trata dos efeitos da Emenda Constitucional promulgada em 2016 (a de n. 55, chamada de PEC do Teto de Gastos) sobre a Vigilância Socioassistencial e, mais especificamente, sobre seu funcionamento em uma região específica, a do Território de Identidade Portal do Sertão, no estado da Bahia. Dessa delimitação, explicitam-se os pontos que estruturam o trabalho e fazem valer sua leitura: a importância da Vigilância Socioassistencial na estruturação e preservação da Assistência Social como política pública; a abordagem dessa discussão sob lentes que focam o nível local e a referência a um período histórico que importa não esquecer e que, ao longo da análise, acaba refletindo os anos em que a própria investigação se desenrola, isto é, os de pandemia da Covid-19, entre 2020 e 2021.

Como nos mostra Emanuela, a Vigilância Socioassistencial é uma das três funções da política de Assistência que, indissociável das outras duas — de proteção social e de defesa de direitos — se define pelo registro de dados e disseminação de informações relativas à prestação de serviços nos territórios. Dessa maneira, é a área responsável por garantir visibilidade às formas como a política se realiza na prática e, por meio das análises que essa visibilidade propicia, detectar tendências, estabelecer prioridades, avaliar resultados. É fundamental no fortalecimento da Assistência como política pública, portanto, tanto porque subsidia seu planejamento, servindo a gestores, quanto porque informa a população, servindo ao controle social. Ambos os polos afastam a política do improviso e do risco de malversação dos recursos a ela destinados. Ou, em outras palavras, uma Vigilância frágil implica desproteção e enfraquece a democracia.

Somos apresentados, então, aos pontos de fragilização enfrentados pelos profissionais e militantes da área nos municípios que formam o Território de Identidade Portal do Sertão, forma de organização ela mesma original, por basear-se na aproximação e olhar conjunto sobre grupos de municípios a partir de suas características sociais, demográficas, econômicas, físicas. Mobilizando sua própria experiência e consultando profissionais atuantes nas secretarias municipais do TI Portal do Sertão, a autora nos mostra dificuldades históricas agravadas, como seria de se esperar, pelo corte de recursos originado na PEC. Recurso financeiro insuficiente, frágil estrutura física e profissionais improvisados na função da Vigilância são registrados e reunidos, na análise, de maneira que não reste dúvidas sobre a necessidade de reconhecer a importância dessa função, desfazendo as armadilhas que a transformam em secundária ou mera repassadora de dados para cumprimento de procedimentos burocratizados.

Finalmente, se os efeitos da PEC conectam o tempo presente a uma história de luta e defesa da Assistência Social como um todo e da Vigilância Socioassistencial em particular, a realização em si da pesquisa deu-se em período marcado por obscuridade, violência e ataque às estruturas públicas, em dimensões trágicas. Desde a virulência das notícias falsas nas eleições de 2018, passando pela escalada em intolerância e autoritarismo, até a gestão criminosa da pandemia, dar continuidade ao trabalho de campo, às leituras, discussões e escrita exigiu força e paciência da pesquisadora. Ambas se mostravam na reafirmação de sua convicção de que finalizar o trabalho também era parte do compromisso com a construção dos caminhos de saída daquele cenário. Nesse sentido, incorporando ao próprio texto as agruras encontradas, este livro registra o período e, mais, afirma que a força da aposta na transformação não esmorece nem nos momentos mais difíceis.

E se uma mão se cansa, há outras para o revezamento. Que este livro siga na jornada que inspirou sua autora, de participação nessa construção coletiva.

Márcia Pereira Cunha
Docente Maestría Gobierno, Estado e Políticas Públicas – Flacso Brasil

LISTA DE ABREVIATURAS E SIGLAS

BF – Bolsa Família
BPC – Benefício de Prestação Continuada
BSM – Brasil Sem Miséria
CadÚnico – Cadastro Nacional Único para Programas Sociais
Caged – Cadastro Geral de Empregados e Desempregados
Ceas – Conselho Estadual de Assistência Social
Cecad – Consulta, Seleção e Extração de Informação do CadÚnico
Cedeter – Conselho Estadual de Desenvolvimento Territorial
CIB – Comissão Intergestora Bipartite
CIT – Comissão Intergestora Tripartite
Cmas – Conselho Municipal de Assistência Social
Cnas – Conselho Nacional de Assistência Social
Codeter – Colegiados Territoriais de Desenvolvimento Sustentável
CRAS – Centro de Referência de Assistência Social
CREAS – Centro de Referência Especializado de Assistência Social
EC – Emenda Constitucional
Feas – Fundo Estadual de Assistência Social
Fmas – Fundo Municipal de Assistência Social
FMI – Fundo Monetário Internacional
Fnas – Fundo Nacional de Assistência Social
IBGE – Instituto Brasileiro de Geografia e Estatística
IDH – Índice de Desenvolvimento Humano
IGD-SUAS – Índice de Gestão Descentralizada do SUAS

Ipea – Instituto de Pesquisa Econômica Aplicada
LBA – Legião Brasileira da Assistência
LOAS – Lei Orgânica de Assistência Social
MAS – Ministério da Assistência Social
MBES – Ministério do Bem-Estar Social
MC – Ministério da Cidadania
MDA – Ministério do Desenvolvimento Agrário
MDS – Ministério de Desenvolvimento Social e Combate à Fome
NOB – Norma Operacional Básica
OMC – Organização Mundial do Comércio
ONU – Organização das Nações Unidas
PBF – Programa Bolsa Família
PEC – Projeto de Emenda Constitucional
PIB – Produto Interno Bruto
PNAS – Política Nacional de Assistência Social
PND – Programa Nacional de Desestatização
PP – Pequeno Porte
PPA – Plano Plurianual
PSB – Proteção Social Bahia
PSE – Proteção Social Especial
RAF – Relatório de Acompanhamento Físico
RAIS – Relação Anual de Informações Sociais
RH – Recursos Humanos
RMA – Registro Mensal de Atendimento
SAGI – Secretaria de Avaliação e Gestão da Informação
SDT – Secretaria Nacional do Desenvolvimento Territorial
SEI – Superintendência de Estudos Econômicos e Sociais da Bahia

SEMAS – Secretaria Municipal de Assistência Social

Seplan – Secretaria Estadual de Planejamento

SESO – Serviço Social

Sinpas – Sistema Nacional de Previdência e Assistência Social

SISC – Sistema de Informações do Serviço de Convivência e Fortalecimento de Vínculos

SJDHDS – Secretaria Justiça, Direitos Humanos e Desenvolvimento Social

SNAS -Secretaria Nacional de Assistência Social

SUAS – Sistema Único de Assistência Social

Suasweb – Sistemas de funcionalidades especificas para gestão do SUAS

TI – Território de Identidade

UF – Unidade Federativa

VS – Vigilância Socioassistencial

SUMÁRIO

INTRODUÇÃO 19

**1
REMEMORAR A ASSISTÊNCIA SOCIAL É PRECISO:
TRAJETÓRIA DO SUAS** 25

**2
TERRITORIALIZAÇÃO, GESTÃO DO SUAS
E VIGILÂNCIA SOCIOASSISTENCIAL** 47
2.1 Caracterização do Território de Identidade Baiano
Portal do Sertão 47
2.2 Vigilância 52
2.3 Gestão do SUAS e a concepção da Vigilância Socioassistencial
no TI Portal do Sertão 56
2.4 Panorama da Vigilância Socioassistencial nos municípios
do TI Portal do Sertão 66

**3
VIGILÂNCIA SOCIOASSISTENCIAL: DESAFIOS
PARA A SUA OPERACIONALIDADE NO TERRITÓRIO
DE IDENTIDADE PORTAL DO SERTÃO (2016-2019)** 89
3.1 A lógica do financiamento do SUAS e os impactos
sobre a Vigilância Socioassistencial 94
3.2. Desafios para operacionalidade da V.S. no TI
Portal do Sertão 100

CONSIDERAÇÕES FINAIS 107

REFERÊNCIAS 115

INTRODUÇÃO

O cotidiano da prática profissional de Serviço Social contempla ampla diversidade de ações: atuação em plantões de atendimentos, grupos socioeducativos e intergeracionais, processos de supervisão, coordenação, gestão, planejamento, monitoramento e avaliação de políticas públicas, assessorias/consultorias, das mais simples às intervenções mais complexas. Venho atuando nesse campo há pouco mais de uma década, percurso que me permitiu perceber o quanto cada intervenção é imbuída de valoração ética específica. Tendo consciência ou não, interpretando ou não, dirigimos nossas ações favorecendo interesses sociais distintos e contraditórios, na trajetória militante de defesa intransigente do Estado Democrático de Direito. Contraditórios em razão de a gênese da profissão vincular-se ao enfrentamento da questão social, potencialmente assegurando, ao mesmo tempo, as condições necessárias para a expansão do capitalismo monopolista (CARVALHO; IAMAMOTO, 1982; NETTO, 1992; MONTAÑO, 1998). Por outro lado, a política social atende também às necessidades da classe trabalhadora. Portanto, a sua expansão é marcada pela luta dos trabalhadores na perspectiva da conquista e da consolidação dos direitos sociais (IAMAMOTO, 2003; YAZBEK, 2000; PEREIRA, 2008).

Na Política de Assistência Social, tracei a minha trajetória ético-política e profissional em defesa das demandas da classe trabalhadora, de movimentos sociais e de comunidades urbanas, rurais e ribeirinhas vulnerabilizadas. A constante problematização da relação entre teoria e prática desencadeou indagações referentes à realidade da Assistência Social, especialmente sobre a função vigilância socioassistencial, no âmbito singular do Território de Identidade Baiano Portal do Sertão.

A Assistência Social como política pública — regulamentada pela Constituição Federal de 1988, mais precisamente em seu artigo 203, que a define como "dever do Estado e um direito de quem dela necessitar, independente de contribuição à Seguridade Social" — representa uma grande conquista para a implementação da proteção social no Brasil. Em termos de organização, a responsabilização compartilhada e a descentralização administrativa entre União, estados e municípios são chave na construção estratégica de respostas públicas às necessidades da população a partir de seguranças socioassistenciais afiançadas pelo SUAS, quais sejam: acolhida; renda; convívio ou vivência familiar, comunitária e social; desenvolvimento da autonomia; apoio e auxílio. Seu norte é constituído por três funções articuladas e indissociáveis, que potencializam o ciclo desta política, a saber: a proteção social, a defesa de direitos e a vigilância socioassistencial.

As experiências de gestão da Assistência Social, nos períodos de 2010 a 2013, em município de Pequeno Porte I[1] e de 2015 a 2016, em município de Pequeno Porte II, aliadas às assessorias e consultorias a municípios de médio e grande porte, permitiram-me apurar a reflexão crítica sobre a necessidade de aprimoramento da função Vigilância Socioassistencial (V.S.), no que tange a suas definições conceitual e operacional, bem como qualificar a sua implementação, de modo a incorporá-la à gestão da política e ao planejamento estratégico. Essa operacionalização requer articular a vigilância com as especificidades de cada território municipal e regional. Tarefa que ainda está distante de ser efetivada na maior parte dos municípios brasileiros, especialmente nos nordestinos e baianos. Como veremos, a conjuntura política, econômica e social no período analisado expressou significativamente a desresponsabilização do Estado sobre a efetivação de políticas públicas necessárias para superação da pobreza e desigualdades em território nacional.

Diante disso, um questionamento gradativamente construído consolidou-se: quais os efeitos da PEC 241 (que limita os gastos

---

[1] Importante localizar como os municípios são organizados para a lógica de cumprimento do pacto federativo no âmbito do SUAS, utilizando-se o porte populacional dos municípios brasileiros conforme definição do Instituto Brasileiro de Geografia e Estatística – IBGE. Pequeno Porte I – até 20 mil habitantes; Pequeno Porte II – até 50 mil habitantes; Médio Porte – até 100 mil habitantes; Grande Porte – até 900 mil habitantes; Metrópole – mais de 900 mil habitantes.

públicos no Brasil, sendo por isso chamada de PEC do "teto de gastos") sobre a concepção e operacionalização da Vigilância Socioassistencial no território baiano de identidade Portal do Sertão no período 2016-2019?

Por conseguinte, os objetivos foram elencados e estruturados de uma forma que pudéssemos analisar os efeitos da PEC 241 sobre a concepção e operacionalização da Vigilância Socioassistencial, nos municípios do Território Baiano de Identidade Portal do Sertão, a partir dos desafios impostos por ela, no período 2016-2019, bem como o impacto sobre a legitimidade do Sistema Único de Assistência Social, a luz das seguintes reflexões:

- a. Explorar a relevância da Vigilância Socioassistencial enquanto função da Política Nacional da Assistência Social (2004) configurada pela Constituição Federal de 1988;
- b. Contextualizar o processo de construção da concepção da Vigilância Socioassistencial nos municípios do Território Baiano de Identidade Portal do Sertão, no período 2016-2019;
- c. Analisar o fluxo operacional da Vigilância Socioassistencial a partir da redução orçamentária e do financiamento da Assistência Social, materializada pelo teto de gastos públicos no Território Baiano de Identidade Portal do Sertão.

Optou-se pelo desenvolvimento de pesquisa aplicada e qualitativa, uma vez que objetiva direcionar possíveis soluções para problemas específicos de interesses localizados num determinado tempo, espaço e ambiente, que, por conseguinte, configura (ou deveria configurar) um espaço dialógico entre a sociedade e o Estado a partir da concepção de organização territorial. É significativo da história do SUAS e, especialmente do campo da Vigilância Socioassistencial, que a produção de conhecimentos relativa a ela seja sensivelmente menos volumosa, até mesmo restrita se comparada às funções de proteção social e defesa de direitos, reforçando a sua invisibilidade em mais de uma década de efetivação do SUAS.

Contribui para a limitação das possibilidades do campo da V.S. o fato de a gestão federativa colocá-la mais ou apenas como produtora de estudos e pesquisas relativas a programas sociais, ferramentas informacionais, banco de dados ou suporte a programas sociais de interesse governamental, escanteando possíveis análises sobre as seguranças socioassistenciais, as demandas por proteção social, a cobertura por serviços socioassistenciais, enfim, a relevância dessa função para o planejamento estratégico e socioterritorial rumo a plena efetivação do SUAS. As principais referências para o desenvolvimento desta obra são as publicações do Ministério do Desenvolvimento Social (então MDS) e da Secretaria de Justiça, Direitos Humanos e Desenvolvimento Social do Estado da Bahia.

A pesquisa documental objetivou aprimorar o conhecimento sobre legislações pertinentes à Assistência Social, mais especificamente sobre a Vigilância Socioassistencial, além de decretos, portarias, regulamentos dos municípios componentes do Território Baiano de Identidade Portal do Sertão. A pesquisa bibliográfica assegurou o suporte teórico necessário às análises dos dados coletados, por meio da consulta a estudos e produções nas áreas de seguridade, proteção e assistência social.

Finalmente, recorremos à aplicação de um questionário on-line, enviado para resposta dos profissionais responsáveis pela área da Vigilância Socioassistencial, atuantes nos 17 municípios componentes do TI Portal do Sertão. O objetivo foi apreender características da presença e operacionalização da vigilância nas estruturas de gestão municipais, bem como o entendimento acerca dela e de seu potencial. Planejada aplicação presencial, foi necessário adaptar a ideia inicial em função do contexto da pandemia no ano de 2020, tendo em vista a necessária compreensão do cotidiano desses municípios e a responsabilidade pelo processo de produção, sistematização, análise e disseminação de informações territorializadas no âmbito da gestão da Assistência Social.

Esta obra está organizada em três capítulos. Trataremos no primeiro capítulo de rememorar brevemente a trajetória da construção da Política de Assistência Social e do Sistema Único de Assistência Social no Brasil enquanto política pública, dever do Estado e direito do cidadão.

Percorrendo a linha temporal da Constituição Federal de 1988, a Lei Orgânica de Assistência Social (LOAS-1993), a Política Nacional de Assistência Social (PNAS – 2004) e as Normas Operacionais Básicas materializando o Sistema Único de Assistência Social.

O capítulo seguinte contextualiza brevemente a Política de Desenvolvimento Territorial do Estado da Bahia com vistas a caracterizar o Território de Identidade Portal do Sertão, onde esta pesquisa se localiza.

Mostra uma síntese dos marcos regulatórios e normativos que constituem a Vigilância Socioassistencial, compreendendo sua estrutura de funcionamento, instrumentos técnicos operativos, atribuições e competências no SUAS, necessários a sua efetivação.

A V.S. possui dois eixos norteadores: um se refere à identificação territorializada das situações de vulnerabilidade e risco social e o outro ao tipo, volume e padrões de serviços. Contudo é preciso captar a plenitude dessa função, amplificando a sua relevância para a quanti-qualificação e otimização dos recursos da Assistência Social cofinanciados pelo pacto federativo e, por conseguinte, estabelecimento de determinações estratégicas para o direcionamento político territorial, a partir dessa política pública que se aproxima e dialoga diretamente com a população à margem da sociedade.

Assim, destacaremos a configuração do processo de concepção e operacionalização da V.S. nos 17 municípios componentes do TI Portal do Sertão.

Apresentaremos os dados coletados a partir da pesquisa no formato *survey*, a contar das contribuições dos oito municípios participantes, visando conhecer as necessidades técnicas, recursos humanos, infraestrutura, marcos regulatórios e demais fatores indispensáveis à sua plena implantação.

Considerando que os dados são autodeclaratórios, as informações foram trabalhadas conforme as respostas fornecidas pelos técnicos de V.S. e gestores de assistência social dos municípios pesquisados e participantes ativos.

O terceiro capítulo aborda os desafios para a operacionalidade da V.S. no TI Portal do Sertão, no período de 2016 a 2019, sopesando os impactos da política de austeridade e congelamento dos gastos públicos implementada no governo Temer, operacionalizada no governo Bolsonaro e materializada pela emenda constitucional n.º 95/2016 de 16 de dezembro de 2016. Ficam evidenciadas as grandes limitações que essa medida impõe à perspectiva de implantação da função vigilância, mesmo considerando o subfinanciamento histórico da Política de Assistência Social, especialmente em municípios de pequeno porte, que são a maioria na Bahia e no Brasil.

1

REMEMORAR A ASSISTÊNCIA SOCIAL É PRECISO: TRAJETÓRIA DO SUAS

Este capítulo trata da constituição da política de Assistência Social no Brasil. Não se tratando de leitura exaustiva, destaca períodos importantes para marcar sua evolução e sua relação com novas configurações assumidas pelo Estado Brasileiro. A Constituição Federal de 1988 (CF/88) escreveu um novo capítulo sobre a Seguridade e Proteção Social definindo-a como política social de natureza pública.

Historicizar a concepção do sistema de proteção social é exercício necessário para a compreensão do processo de construção e desenvolvimento da Política de Assistência Social no Brasil. Conforme Sposati:

> [...] a Política de Assistência Social tem sua origem na prática da filantropia e na religião, realizadas por meio de ações paternalistas ou clientelistas do poder público, como forma de ajuda aos pobres e necessitados. (SPOSATI, 2009, p. 20).

Nessa época, não se compreendia pobreza enquanto expressão da questão social[2], como objeto de política, e sim como um problema de ordem, de responsabilidade da polícia.

A primeira instituição de Assistência Social no Brasil foi a Legião Brasileira da Assistência (LBA), criada em 1942. Segundo Sposati (2009), sua origem foi marcada pela presença das mulheres e pelo patriotismo, tendo sido apresentada com o objetivo de prover as necessidades das famílias, cujos pais tivessem ido para a guerra.

---

[2] Segundo Netto (2001), a expressão "questão social" começou a ser utilizada na terceira década no séc. 19, divulgada por críticos da sociedade e filantropos inseridos nos mais variados espaços. Surge para dar conta do fenômeno mais evidente da Europa ocidental — impactos da industrialização: pauperismo massivo da população trabalhadora — aspectos imediatos do capitalismo concorrencial.

A responsabilidade por essa instituição era das primeiras-damas, o que a ligava diretamente aos interesses do governo vigente.

Na década de 1970, é criado o Ministério da Previdência e Assistência Social, passando a vincular-se ao sistema de proteção social sem definir a unidade da política de Assistência Social no Sistema Nacional de Previdência e Assistência Social (SINPAS). Com a inexistência de uma proposta nacional, diversas experiências são realizadas nos níveis municipais, estaduais e federal, porém convergentes em suas intenções.

A década de 1980 é marcada por mudanças no campo dos direitos sociais, pois com o processo de expansão do sistema capitalista as ações de caridade já não eram suficientes. A intensificação da exploração da força de trabalho gerou muita desigualdade social e deterioração das condições laborais e de vida da classe trabalhadora.

O fundamento que originou o mecanismo então pensado para tal resgate foi a construção de um sistema de proteção universal e inclusivo, não mais fracionado como outrora.

Por outro lado, autores como Teixeira (2001), Dagnino (2002) e Gonh (2002) mostram que também esse foi um cenário de mobilização de vários atores políticos e sociais que confrontavam o regime militar vigente. Cultivavam e elaboravam um projeto constitucional democrático que preconizasse os princípios da participação, descentralização, universalização e igualdade de direitos sob a égide de uma responsabilidade ético-política e social transparente e calcada numa plataforma dialógica entre o Estado e Sociedade Civil.

Essa vontade política foi expressa em grandes manifestações populares, como as de reivindicação pelo restabelecimento do voto direto para presidente do país (Campanha Diretas Já) e as de preparação e discussão em torno da Assembleia Constituinte, já depois de concluído o processo de redemocratização.

A promulgação da Constituição Federal de 1988 consolidou o reconhecimento dos direitos sociais, estendeu a cidadania a toda população brasileira e institucionalizou, no regramento legal, o Estado de Bem-Estar Social no Brasil.

Segundo Couto (2010, p. 158),

> [...] é no campo dos direitos sociais que estão contidos os maiores avanços na Constituição Federal de 1988. Isso começa a ser evidenciado no texto a partir do artigo 3, que define como objetivos da República Federativa do Brasil:
>
> I – Construir uma sociedade livre, justa e solidária;
>
> II – Garantir o desenvolvimento nacional;
>
> III – Erradicar a pobreza e a marginalização e reduzir as desigualdades sociais e regionais;
>
> IV – Promover o bem de todos, sem preconceitos de origem, raça, sexo, cor, idade e quaisquer outras formas de discriminação. (BRASIL, 1988, s/p).

Os princípios do Estado de Direito encontram-se na Constituição Brasileira de 1988, no Título II, que dispõe sobre os Direitos e Garantias Fundamentais. Eles traduzem-se em normas jurídicas que são estabelecidas em leis ordinárias, cuja efetivação deve dar-se por meio das políticas públicas. Entretanto os parâmetros que definem essas políticas são transitórios, passíveis de modificações, e dependem da capacidade de interferência dos sujeitos no sentido de sua consecução, respeitando as premissas dos direitos humanos.

Em torno do conceito de seguridade social, estão estruturadas as políticas sociais que buscam garantir o acesso universal aos bens de proteção social[3] pela via pública.

---

[3] Segundo Di Giovanni (1998, p. 10), entende-se por Proteção Social as formas "institucionalizadas que as sociedades constituem para proteger parte ou o conjunto de seus membros. Tais sistemas decorrem de certas vicissitudes da vida natural ou social, tais como a velhice, a doença, o infortúnio, as privações. [...] Neste conceito, também, tanto as formas seletivas de distribuição e redistribuição de bens materiais (como a comida e o dinheiro), quanto os bens culturais (como os saberes), que permitirão a sobrevivência e a integração, sob várias formas na vida social. Ainda, os princípios reguladores e as normas que, com intuito de proteção, fazem parte da vida das coletividades". Desse modo, a Assistência Social configura-se como possibilidade de reconhecimento público da legitimidade das demandas de seus usuários e espaço de ampliação de seu protagonismo.

Com base no trabalho de Esping-Andersen (1990), Guerra (2017, p. 56) assinala que a generalização de medidas de proteção social, no segundo pós-guerra mundial, produziu diferentes padrões de seguridade social. Essa diversidade manifestou-se por meio de aspectos como a cobertura universal ou focalizada, o padrão de financiamento (contributivo direto ou indireto), as relações entre as classes sociais e as condições econômicas — esses aspectos influenciam no grau de proteção efetiva.

Basicamente, a seguridade social nos diversos países foi influenciada pelos modelos alemão bismarckiano (seguro social, individualização dos riscos) e/ou inglês beveridgiano (seguridade social, universal e gratuita). O primeiro modelo surgiu com a concepção da Previdência Social em 1883. A princípio era um seguro contra doença, invalidez e a velhice dos trabalhadores, financiados pelo governo, empregadores e trabalhadores. Na experiência brasileira, são exemplos de políticas sociais bismarckianas a previdência social, o seguro-desemprego e o abono salarial.

Já o segundo modelo surgiu em 1941, na Inglaterra, tendo como princípio estabelecer a universalidade de proteção social para todos os cidadãos; unificar os seguros sociais existentes; igualdade de proteção social e financiamento tripartite com predominância estatal. No Brasil, são exemplos do modelo beveridgiano as políticas sociais de acesso à saúde e Assistência Social.

Segundo Boschetti (2006), cada país optou por um formato de política social, sendo eles muitas vezes baseados em composições mistas entre os dois modelos. Como explica a autora:

> Enquanto os benefícios assegurados pelo modelo bismarckiano se destinam a manter a renda dos trabalhadores em momentos de risco social decorrentes da ausência de trabalho, o modelo beveridgiano tem como principal objetivo a luta contra a pobreza. As diferenças desses princípios provocaram o surgimento e instituição de diferentes modelos de seguridade social nos países capitalistas, com variações determinadas pelas diferentes relações

estabelecidas entre o Estado e as classes sociais em cada país. Hoje, é difícil encontrar um modelo puro. As políticas existentes e que constituem os sistemas de seguridade social em diversos países apresentam as características dos dois modelos, com maior ou menor intensidade. (BOSCHETTI, 2006, p. 3).

Os objetivos da seguridade social elencados pela Constituição, em seu artigo 194, instituíram um conjunto integrado de ações de iniciativa estatal e da sociedade civil, caracterizadas por uma série de parâmetros, sendo eles: a universalidade de cobertura e atendimento; a uniformidade e equivalência das prestações; seletividade e distributividade; irredutibilidade do valor dos benefícios; equidade de participação no custeio; diversidade de base de financiamento e a participação da comunidade na gestão administrativa, estabelecendo o tripé Saúde (direito de todos e dever do Estado), Previdência Social (mediante a contribuição do trabalhador) e Assistência Social (para quem dela necessitar independentemente de contribuição). Em resumo, a seguridade social tornou-se um princípio de proteção social para os indivíduos não vinculados ao emprego formal.

Segundo Simões,

> [...] nessa relação entre a sociedade e o Estado, gera-se, portanto, um direito subjetivo público, de que todos os cidadãos são titulares, e um dever do Estado, que incumbe aos governantes implementar, em certas condições. (SIMÕES, 2007, p. 285).

Assim, a institucionalização da Assistência Social como política social pública pressupõe o reconhecimento de um direito social, baseado no princípio da universalidade do acesso e seu entendimento como política de proteção articulada num sistema capaz de assegurar as condições de bem-estar e dignidade de seu público. Essas condições são designadas como seguranças que, por sua vez, se definem em três dimensões: as seguranças de sobrevivência (de rendimento e de autonomia), de acolhida e de convívio ou convivência familiar e comunitária.

A Carta Magna permitiu a efetivação de políticas públicas que, embora não superem os problemas sociais, podem contribuir para a sua amenização. Segundo Netto:

> [...] dependendo, porém de como o problema da pobreza seja compreendido, em sua gênese em seu movimento, o seu trato profissional haverá de variar e hão de variar os procedimentos para interferir nos grupos humanos por ele afetados. (NETTO, 2007, p. 165-164).

Vale ressaltar que, também na Constituição Federal de 1988, pela primeira vez na história o Brasil reconhece o trabalho como um direito e dever dos cidadãos, como um valor ético-constitucional essencial na conquista da dignidade humana e social.

No ano de 1989, há a criação do Ministério do Bem-Estar Social (MBES) como órgão coordenador da Política Nacional da Seguridade Social, fortalecendo o modelo da LBA enquanto presença da gestão patrimonial e baixa valorização dos programas já vivenciados de proteção básica e inclusão produtiva.

O fim do século 20 deixou evidente as fraquezas do modelo de desenvolvimento neoliberal em proporcionar prosperidade econômica e equalização social no Brasil e na América Latina. Na verdade, o que se materializou foram problemas como vulnerabilidade nas contas externas e endividamento público em praticamente todos os países da região, bem como baixo crescimento econômico, deterioração dos principais indicadores do mercado de trabalho e degradação ambiental. Marcado pelas transformações ocorridas no cenário internacional, o país adota medidas para a reforma do aparelho do Estado, o que significa um redirecionamento da concepção de Estado e dos parâmetros para as suas ações no campo econômico, político, social, cultural e educacional. Ao modelo de "Estado interventor" sucede um Estado que diminui suas funções no campo social e atribui à iniciativa privada as funções que eram de sua responsabilidade. Ou seja, a proposta de reforma defende a manutenção de um Estado forte para garantir as condições adequadas à expansão do mercado e ao alívio da pobreza dos "mais necessitados". Em outras palavras, o

Estado já não assume seu papel de mantenedor de políticas públicas, afetando consideravelmente o processo de proteção social que visa contribuir para a melhoria da vida dos cidadãos.

A proposta do projeto neoliberal daquele momento era regular a economia de acordo com o interesse do mercado, por meio da privatização de órgãos e instituições estatais, reduzir gastos públicos e ainda intervir nas relações de trabalho. Efetivação de reformas trabalhistas, previdenciária e tributárias, estabilização da economia e integração econômica global.

Dados apresentados por alguns estudiosos, tais como Jaccoud (2016) e Dweck (2018), em especial aos que se referem à comparação entre arrecadação e gastos públicos, apontam claramente o fortalecimento de uma sociedade capitalista financeirizada, uma vez que as reformas dos anos 1990 preparam o terreno para potencializar a agenda neoliberal, inaugurando uma série de processos como a precarização do trabalho, terceirização das atividades meio, expansão da financeirização da economia, aumento do desequilíbrio fiscal e financeiro do Estado, abertura comercial, forte aumento da carga tributária, reforma administrativa, reforma previdenciária, privatização dos ativos públicos, ambos propiciando a desindustrialização precoce e consequentemente o desaquecimento da economia brasileira, com o fechamento de grandes empresas e alta incidência de consumo de serviços impactando diretamente na população miserável.

Não por coincidência, o Estado brasileiro foi perdendo suas capacidades e seus instrumentos para promover e conduzir o desenvolvimento nacional, basicamente em virtude: a) das reformas administrativas, que tiveram como justificativa central a busca pela melhoria da gestão cotidiana do Estado, pautada pela "Reforma Gerencial", em detrimento de instrumentos mais robustos de planejamento governamental; e b) da adoção do Programa Nacional de Desestatização (PND), que teve como objetivo vender, à iniciativa privada, empresas estatais, mesmo várias delas tendo exercido papel central na configuração do modelo de desenvolvimento brasileiro entre 1930 e 1980. Essas mudanças foram apoiadas com maior ênfase no governo Collor e consolidadas ao longo do governo Fernando Henrique Cardoso, sendo retomada no contexto de governança atual do país.

Também no ano de 1990 é vetada a primeira redação da Lei Orgânica de Assistência Social (LOAS), momento em que os municípios se articulavam na tentativa de um novo protagonismo de Assistência Social. O então presidente Fernando Collor de Mello foi responsável, sob a alegação de que a União não dispunha de recursos financeiros e orçamentários para o pagamento dos benefícios previstos, inclusive afirmando que o Projeto de Lei n.º 3.099/1989 não apresentava princípios de uma Assistência Social responsável. Essa pauta retorna ao legislativo em 1991, sendo rediscutida a partir da constituição de uma comissão criada no I Seminário Nacional de Assistência Social e resultando num documento chamado "Ponto de Vista que Defendemos", para subsidiar novo Projeto de Lei n.º 3154/1991. O trâmite desse PL foi também adiado por questões políticas, sociais e econômicas e intervenção do Procurador da República, uma vez que o projeto deveria partir do Executivo, pois já havia sido vetado anteriormente. Em 1993, foram promovidos vários encontros regionais pelo país, resultando na realização, em junho de 1993, da Conferência Nacional de Assistência Social. Com a pressão das entidades, movimentos sociais e especialistas na área, a plenária mobilizou-se e foi construído artigo por artigo da nova proposta denominada Conferência Zero da Assistência Social. O resultado desse esforço vem em 1993, quando o Projeto de Lei n.º 4.100/1993 foi aprovado pelo Congresso Nacional e a LOAS (Lei 8.742/1993) finalmente é sancionada e assegura a primazia do Estado no direcionamento e estruturação da política de assistência, especificando os serviços, programas, projetos e benefícios de enfrentamento às situações de vulnerabilidade e risco social decorrentes da gritante desigualdade social que atinge diretamente segmentos populacionais marginalizados, à luz do direito.

Para Yazbek (1998, p. 55), a referida lei:

> [...] expressa uma mudança fundamental na concepção da Assistência Social que se afirma como direito, como uma das políticas estratégicas de combate à pobreza, à discriminação e a subalternidade em que vive a maioria da população brasileira.

Nos governos de FHC, o sistema neoliberal caracterizava-se no país como um modelo de Estado em que este não tinha mais a função de "tutelar" as ações sociais, e sim dar espaço ao mercado empresarial, incentivando a entrada do capital estrangeiro e abrindo-se à globalização (abertura do sistema econômico mundial). Na área social, suas ações reuniram-se principalmente no interior do Programa Comunidade Solidária. Inicialmente com objetivo de combater a pobreza por meio de ações articuladas, tornou-se um programa assistencialista, presidido pela então primeira-dama do país, Ruth Cardoso, buscando legitimar o então governo FHC por meio das "parcerias público-privadas".

Segundo Peres,

> Assim, esperava-se, a Assistência Social deixaria de ser um negócio de políticos, tornando-se uma política. Procurava-se combater o fisiologismo e o clientelismo das ações sociais, tirando-lhes as características de moeda de troca para ações unilaterais dos governos; de ações pontuais e sem continuidade no combate à desigualdade social; e, sobretudo, de ações humanitárias e vocacionadas de primeiras-damas em vistas a legitimar os governos de seus maridos junto às classes populares. (PERES, 2005, p. 112).

O Programa Bolsa Escola limitou-se a funcionar como política de transferência de renda mínima, o que significa que o apoio do Estado se concentra em indivíduos muito pobres, reforçando a apresentação das políticas sociais como medidas paliativas, focalizadas na pobreza e não na garantia do trabalho como forma e ferramenta de melhorar as condições de vida da grande maioria da população.

As heranças que garantem a permanência da estrutura administrativa reformada no regime militar, com as concepções de eficiência e racionalidade empresarial aplicadas ao setor público em geral, mormente ao gerenciamento das empresas estatais, são elemento-chave para a compreensão das possibilidades e dos limites da atuação do Estado brasileiro. E, para além disso, o país tem os serviços da dívida mais caros do planeta e atualmente o rendimento obtido com a aplicação financeira é maior do que o lucro da atividade produtiva, propiciando um cenário favorável a destruição da Seguridade Social representando a drenagem de mais dinheiro para o sistema financeiro e concentração das riquezas para os mais ricos.

A Lei n.º 10.683, de 28 de maio de 2003, separa a Previdência da Assistência Social e cria o Ministério da Assistência Social (MAS). Em dezembro do mesmo ano, é realizada a IV Conferência Nacional de Assistência Social, que apontou como principal deliberação a construção e implementação do Sistema Único da Assistência Social (SUAS), requisito essencial da LOAS para dar efetividade à Assistência Social como política pública. Em 2004, o MAS é extinto pela Lei n.º 10.869. Com isso, a Assistência é incorporada ao Ministério criado nessa mesma ocasião, o de Desenvolvimento Social e Combate à Fome (MDS). Consequentemente, fica aí locado também o Conselho Nacional de Assistência Social (CNAS), responsável pela gestão do Plano Nacional e do Fundo Nacional de Assistência Social.

O MDS, por meio da Secretaria Nacional de Assistência Social (SNAS) e do CNAS, elabora, aprova e torna pública a Política Nacional de Assistência Social (PNAS), demonstrando a intenção de construção coletiva dessa política na perspectiva de implantação de um Sistema Único de Assistência Social (SUAS).

A Política Nacional de Assistência Social foi regulamentada em 2004, estabelecendo os objetivos, princípios e diretrizes das ações. Diante disso, inicia-se um processo de construção da gestão pública e participativa da Assistência Social, por meio da instituição de órgãos gestores, conselhos deliberativos e da criação dos fundos de Assistência Social para recebimento de recursos cofinanciados em nível federal e estadual inicialmente na modalidade de convênios e posteriormente na modalidade fundo-a-fundo. Propõe-se assim a criação de uma Comissão Tripartite, com caráter consultivo, composta por representantes dos três níveis de governo objetivando a discussão e pactuação dos aspectos relativos à gestão da política.

Assim, de acordo com essa Política, à assistência competem ações de prevenção, proteção, promoção e inserção, assim como o provimento de garantias ou segurança que cubram, reduzam ou previnam a situação de vulnerabilidade, de risco social, atendendo às necessidades emergentes ou permanentes, acarretadas por problemas pessoais ou sociais de seus usuários e beneficiários. Revela questões extremamente pertinentes, visto que reconhece as famílias vulneráveis como foco dos serviços, classificando seus membros por ciclos, conjuntura de vida e rendimento familiar per capita, haja vista que a família e o território são compreendidos como espaços de integração, inclusão e proteção social.

> A PNAS/2004 define e organiza os elementos essenciais para a execução da Política de Assistência Social, o que resulta em normatização dos padrões dos serviços, qualidade no atendimento, indicadores de avaliação e resultado, nomenclatura dos serviços e da rede socioassistencial e os seguintes eixos:
>
> a. Matricialidade Sociofamiliar;
>
> b. Descentralização político-administrativa e Territorialização;
>
> c. Novas bases para a relação entre Estado e Sociedade Civil;
>
> d. Financiamento;
>
> e. Controle Social;
>
> f. O desafio da participação popular/cidadão usuário;
>
> g. A Política de Recursos Humanos;
>
> h. A Informação, o Monitoramento e a Avaliação. (MDS/PNAS/2004, p. 39).

Entendendo a efetividade da Política de Assistência Social como um pilar do sistema de proteção social brasileiro no âmbito da seguridade social, ela ressignifica o olhar para a realidade brasileira a partir de, segundo o texto do documento:

- Uma visão social inovadora, dando continuidade ao inaugurado pela Constituição Federal de 1988 e pela Lei Orgânica da Assistência Social de 1993, pautada na dimensão ética de incluir "os invisíveis", os transformados em casos individuais, enquanto de fato são parte de uma situação social coletiva; as diferenças e os diferentes, as disparidades e as desigualdades.

- Uma visão social de proteção, o que supõe conhecer os riscos, as vulnerabilidades sociais a que estão sujeitos, bem como os recursos com que conta para enfrentar tais situações com menor dano pessoal e social possível. Isto supõe conhecer os riscos e as possibilidades de enfrentá-los.

- Uma visão social capaz de captar as diferenças sociais, entendendo que as circunstâncias e os requisitos sociais circundantes do indivíduo e dele em sua família são determinantes para sua proteção e autonomia. Isto exige confrontar a leitura macro social com a leitura micro social.

- Uma visão social capaz de entender que a população tem necessidades, mas também possibilidades ou capacidades que devem e podem ser desenvolvidas. Assim, uma análise de situação não pode ser só das ausências, mas também das presenças até mesmo como desejos em superar a situação atual.

- Uma visão social capaz de identificar forças e não fragilidades que as diversas situações de vida possua. (PNAS, 2004, p. 16).

O SUAS, por sua vez, é entendido como um modelo de gestão pública, descentralizado, participativo e não contributivo, tendo como base o território e a família e que organiza e regula as responsabilidades de cada esfera do governo e da sociedade civil. As ações estão voltadas para o fortalecimento dos vínculos familiares e comunitários e são organizadas segundo o nível de complexidade das demandas apresentadas, ou seja, segundo a variedade de recursos e intensidade de sua mobilização para efetiva e real garantia de proteção aos direitos das famílias e indivíduos atendidos.

> Pressupõe, ainda gestão compartilhada, cofinanciamento da política pelas três esferas de governo e definição clara das competências técnico-políticas da União, Estados, Distrito Federal e Municípios, com a participação e mobilização da sociedade civil, e estes têm o papel efetivo na sua implantação e implementação. (PNAS, 2004, p. 39).

Os níveis de proteção almejados, dessa maneira, organizam o sistema conforme o Quadro 1:

Quadro 1 – Níveis de Proteção

ESCALA DE RISCO E VULNERABILIDADE	
Proteção Social Básica	Ações preventivas; Fortalecimento de laços. Público: Famílias que vivem em condições de vulnerabilidade social e/ou de enfraquecimento dos laços familiares e de inserção social.
Proteção Social Especial - Média Complexidade	Acompanhamento especializado; Prevenção da institucionalização. Público: Famílias e indivíduos em situação de risco pessoal e social, por violação dos direitos decorrentes de abandono, abuso físico ou mental, abuso e exploração sexual, adolescentes em conflito com a lei, sem-teto etc.
Proteção Social Especial - Alta Complexidade	Abrigo personalizado; Resgate do convívio social. Público: Famílias e indivíduos em situação de risco pessoal e social, por violação de direitos e ruptura dos laços familiares.

Fonte: a autora

A União, os estados, o Distrito Federal e os municípios assumem responsabilidades específicas na gestão do sistema, na garantia de sua organização, qualidade e resultados na prestação dos serviços, programas, projetos e benefícios socioassistenciais que serão ofertados pela rede, materializando o sistema descentralizado e participativo, com primazia da responsabilidade do Estado, conforme determina a LOAS.

O SUAS organiza-se, ainda, por meio dos princípios da universalidade, da gratuidade, da intersetorialidade, da equidade e da integralidade da proteção social, que deve ser garantida por meio da oferta de provisões em sua completude, por meio do conjunto articulado de serviços, programas, projetos e benefícios assistenciais. São concebidos novos mecanismos que proporcionam um grande salto de qualidade do trabalho realizado pela política, por meio do pacto de aprimoramento visando ao alcance de prioridades e metas, pautando incentivos financeiros à gestão, a configuração dos blocos de financiamento conforme tipificação e nível de proteção social, bem como as mudanças nas instâncias de pactuação, articulação, deliberação e controle social.

Tornou-se o principal instrumento de ordenamento da Política de Assistência Social e, para cada um dos níveis de proteção descritos no Quadro 1, estabeleceu os respectivos equipamentos sociais de atendimento: o Centro de Referência de Assistência Social (CRAS) e o Centro de Referência Especializado de Assistência Social (CREAS), tal como ilustra a Figura 1, a seguir.

Figura 1 – Hierarquização da Proteção Social no SUAS

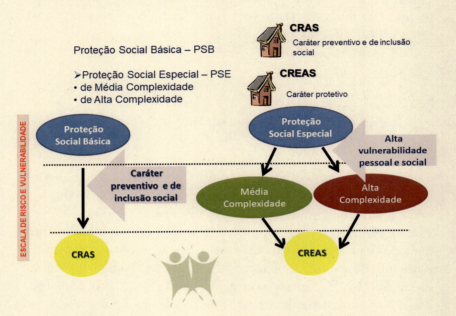

Fonte: elaboração coletiva

Considerando o nível estadual, a metodologia baiana para promoção e acompanhamento da implementação, efetivação e operacionalização da Política de Assistência Social foi aprimorada a partir da criação da Rede SUAS Bahia, cujo papel fundamental é normatizar e regular os instrumentos de pactuação, controle e aperfeiçoamento do modelo de gestão do SUAS no estado. Nesse processo, a Vigilância Socioassistencial é reconhecida como área essencial da gestão e potencializando a sua função produtiva e sistematizadora de informações territorializadas sobre as situações de vulnerabilidade e risco que incidem sobre famílias e indivíduos nos 417 municípios.

Quadro 2 – Constituição da Vigilância Socioassistencial nos municípios da Bahia

PANORAMA DA CONSTITUIÇÃO DA VIGILÂNCIA SOCIOASSISTENCIAL NOS MUNICÍPIOS DA BAHIA		
Constituída na estrutura formal do órgão gestor	182	43%
Constituída de maneira informal	179	42%
Não constituída	56	13%

Fonte: a autora, com dados extraídos do Censo SUAS 2020 – SAS/SJDHDS - BAHIA

Para além da categorização de ações de visitas técnicas, análises de documentações, assessoramentos técnicos, consultas abertas, notificações e implementação de planos de providências, implanta-se a partir de um esforço coletivo de consolidação do SUAS no estado, padronizando as informações no processo de atendimento, acompanhamento e desenvolvimento do trabalho social com famílias e indivíduos com o objetivo de aferir a eficiência, a eficácia e a efetividades dos recursos de cofinanciamento estadual, qualidade da aplicação municipal e do acesso da população, embora seja possível identificar limitações na implementação das decisões políticas, priorização e financiamento da Política Estadual de Assistência Social.

O SUAS propõe a oferta simultânea de serviços socioassistenciais às famílias que recebem programas de transferência de renda e benefícios de Assistência Social, entendendo que estes constituem respostas importantes para a garantia da segurança de sobrevivência das famílias. Isto é, os riscos e vulnerabilidades sociais que atingem as famílias e indivíduos colocam desafios e necessidades que em muito extrapolam a dimensão da renda.

Nesse sentido, os benefícios assistenciais são prestados a públicos específicos de forma integrada aos serviços, contribuindo para a superação de situações de vulnerabilidade. Esses benefícios são divididos em duas modalidades:

O primeiro, o Benefício de Prestação Continuada da Assistência Social (BPC), que garante a transferência mensal de um salário mínimo à pessoa idosa com 65 anos ou mais e à pessoa com deficiência de qualquer idade. O segundo, os Benefícios Eventuais, que são caracterizados por serem suplementares e temporários prestados aos cidadãos e às famílias em casos de nascimento, morte, situações de vulnerabilidade provisória e de calamidade pública.

Como dito anteriormente, a vigilância social é uma das três funções da política de Assistência Social, ao lado da proteção social e da defesa de direitos socioassistenciais. Elas são complementares e devem ser conduzidas de forma a se inter-relacionarem (BRASIL, 2008, p. 50). Sob a égide da PNAS e da atual Norma Operacional Básica de 2012 (NOB-SUAS), a vigilância deve ainda orientar-se pelos mesmos princípios do modelo de proteção social não contributiva (SPOSATI, 2009, p. 42-45).

É importante citar a NOB-SUAS 2012, pois ela apresenta novos instrumentos para aprimoramento da gestão do SUAS. No ano anterior, a Lei 12.453/2011 havia reafirmado a institucionalidade do Sistema Único (ficando, por isso, conhecida como Lei do SUAS) e, com a nova Norma Operacional, serviços, programas e projetos ganharam maior diferenciação e especificidade, atribuições dos conselhos foram ampliadas e espaços de negociação e pactuação entre gestores foram instituídos.

Figura 2 – Gestão do SUAS

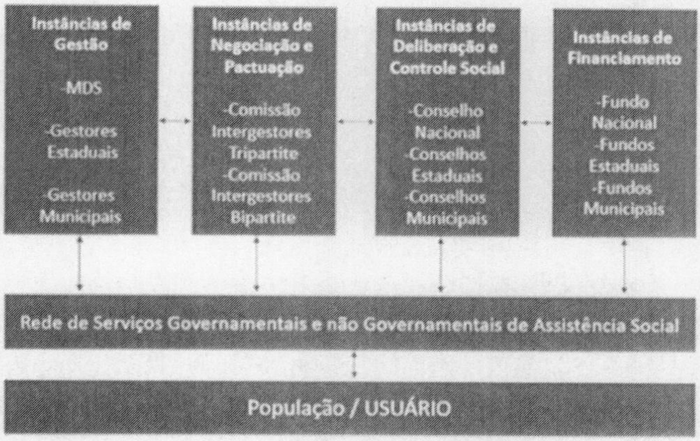

Fonte: elaboração coletiva

No que se refere à Vigilância Socioassistencial, a NOB/SUAS 2012 dá notoriedade à essência dessa função, potencializando a instrumentalidade das proteções sociais básica e especial, ofertadas de forma integrada pela rede socioassistencial. A vigilância implica um desafio inconteste: o processo que acarreta o monitoramento da política, para uma avaliação que verdadeiramente proporcione a ampliação e qualificação dos serviços. Além disso, potencializa a elaboração e execução de um planejamento estratégico, orçamentário e financeiro dialogado com o cotidiano territorializado das demandas sociais, a construção de instrumentos e de práticas que repercutem na viabilização dos direitos socioassistenciais, bem como torna eficaz a realização de referência e contrarreferência[4] dos processos que envolvem registro, atendimento, acompanhamento e encaminhamento dos demandatários na rede socioassistencial, considerando as especificidades dos problemas sociais.

É uma área, portanto, que deve manter estreita relação com as de proteção social básica e especial, uma vez que essas são provedoras de parte importante das informações com que a vigilância trabalhará. Em seguida, serão elas a se beneficiarem dos dados que a vigilância produzirá em seu trabalho de análise e processamento. Por isso, a importância de serem sempre registradas e armazenadas de forma adequada (NOB/SUAS 2012). A vigilância também se beneficia das boas condições de trabalho nas áreas de Proteção, na medida em que permitem bons processos de registro e armazenamento e, logo, boa qualidade das informações.

---

[4] A função de referência se materializa quando a equipe processa, no âmbito do SUAS, as demandas oriundas das situações de vulnerabilidade e risco social detectadas no território, de forma a garantir ao usuário o acesso à renda, serviços, programas e projetos, conforme a complexidade da demanda. O acesso pode se dar pela inserção do usuário em serviço ofertado no CRAS ou na rede socioassistencial a ele referenciada, ou por meio do encaminhamento do usuário ao CREAS (municipal, do DF ou regional) ou para o responsável pela proteção social especial do município (onde não houver CREAS). A contra referência é exercida sempre que a equipe do CRAS recebe encaminhamento do nível de maior complexidade (proteção social especial) e garante a proteção básica, inserindo o usuário em serviço, benefício, programa e ou projeto de proteção básica (BRASIL, 2009, p. 10).

Figura 3 – Gestão do SUAS e Vigilância Socioassistencial

- LOAS – Objetivo PNAS
- NOB/SUAS/2012 – Função PNAS

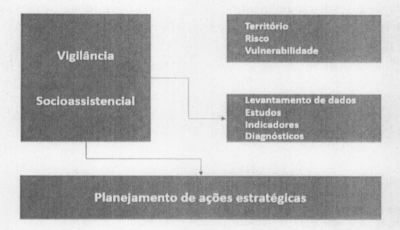

Fonte: a autora

A Vigilância Socioassistencial constitui parte imprescindível do processo de gestão da informação, buscando superar a reconhecida ausência de indicadores e bancos de dados condizentes com as demandas da população usuária. Emergindo com a finalidade de romper com o imediatismo e a fragmentação historicamente presentes nas ações assistenciais, pode cobrir o vácuo entre as reais condições de vida da população e a formulação das políticas, programas e projetos que respondam a estas. Afinal é uma função estratégica cuja estruturação consiste no enfrentamento do legado da fabricação de dados para fins de pleito de convênios e financiamentos sem conhecimento da demanda prioritária, inviabilizando a efetiva resposta da política social às diversas manifestações das desigualdades.

Segundo Farias (2013), a Vigilância Social é estruturada basicamente no sentido de compreender os riscos e as vulnerabilidades existentes e propiciar a padronização dos serviços, ou seja, tem como função saber onde estão e quantos são os que demandam por proteção social e qual é a capacidade dos equipamentos e serviços para suprir suas necessidades. São articulados os dados relativos às incidências de violações e necessidades de proteção da população e as particularidades e distribuição dos serviços da rede de proteção social. Por outro lado, depende prioritariamente do cumprimento das responsabilidades atinentes ao pacto federativo de financiamento, que ora é influenciado pelas mudanças de orientação política e governos de corte neoliberal, ora é pautado como estratégia de mediação de conflitos.

Figura 4 – Marco Legal do SUAS

Fonte: a autora

Mas a maturação da Política Nacional de Assistência Social[5] perpassa por um contexto sociopolítico atravessado pelas ofensivas e regulações neoliberais, reconduzindo o Estado brasileiro à condição de Estado Mínimo, relegando a política pública regulamentada por dispositivos legais oriundos de conquistas sociais, a diretriz da focalização e seletividade bem como restringindo às ações de prevenção de risco e vulnerabilidade social.

Em uma escala maior, há evidências claras de que as decisões políticas governamentais sofrem, de maneira crescente, influência dos interesses privados de corporações e indústrias, para as quais as metas do próximo período se sobrepõem a qualquer interesse público de longo prazo. Organizações internacionais como o Banco Mundial, o Fundo Monetário Internacional e a Organização Mundial do Comércio utilizam frequentemente seu alcance global para estabelecer o que na maioria das vezes são políticas sociais de austeridade por meio dos programas de ajustes estruturais, práticas associadas à contínua expansão de populações vivendo em favelas ao redor do mundo. Ao passo que muitos dos discursos da "propriedade" e similares promoveram os ideais populistas de escolha, liberdade, autonomia e individualismo. A realidade é que indivíduos ao redor do mundo estão cada vez mais sujeitos às imprevisíveis, severas e imperdoáveis demandas das forças de mercado e aos tipos de juízos impessoais que as avaliam em termos de cálculos de custo-benefício dos riscos econômicos, responsabilidade financeira, produtividade, concorrência, eficiência e conveniência.

Passadas quase três décadas da aprovação da Lei Orgânica de Assistência Social – LOAS, tornam-se perceptíveis as vicissitudes que direcionam a nova-velha conjuntura adversa, perante as quais os sujeitos operadores e comprometidos com a sua feição pública buscam construir um projeto de resistência e de ruptura.

---

[5] A Assistência Social foi a última política da Seguridade Social a ser reconhecida e marca sua peculiaridade pelo princípio não contributivo. Desde sua concepção, provê os mínimos sociais e realiza-se por meio de um conjunto integrado de ações de iniciativa pública e da sociedade, para garantir o atendimento às necessidades básicas (BRASIL, 1993).

As políticas sociais têm sido fragilizadas a partir da reconceituação do neoliberalismo mundial, no momento em que o Estado deixa de ser promotor do Estado do bem-estar social ou Estado Providência e passa a seguir o preceito liberal, cuja função deve ser de regulação dos insumos necessários ao desenvolvimento econômico, entre os quais podemos citar: a criação e manutenção de um contingente de desempregados como reserva de força de trabalho; a concentração dos tributos sobre o trabalhador e mercadoria, deixando de tributar o capital; congelamento dos gastos públicos, prioritariamente em si tratando de políticas sociais e afastamento do poder público quanto ao controle do fluxo de capitais.

Para o estudo em tela, com foco na vigilância, importa o registro que, apesar dos períodos, da estrutura, normativas e base legal estarem organizadas separadamente por capítulos, vale lembrar que a política de Assistência Social estabelece indissociabilidade na composição e no uso dos instrumentos de gestão, exigindo um esforço contínuo de negociação institucional para a sua concepção nas estruturas administrativas municipais e estaduais, como instância de planejamento, produção e análise de informações que repercutem diretamente nas orientações políticas de governo, no planejamento estratégico do órgão gestor dessa política e governabilidade local e territorial. Não como forma de controle, muito menos de meras medidas estatísticas, mas de conhecer fidedignamente a realidade vivenciada pelas famílias do SUAS.

TERRITORIALIZAÇÃO, GESTÃO DO SUAS E VIGILÂNCIA SOCIOASSISTENCIAL

2.1 Caracterização do Território de Identidade Baiano Portal do Sertão

O Brasil é um país desigual. Considerando suas cinco regiões em termos gerais, Norte e Nordeste apresentam menores níveis de renda e bem-estar, feições historicamente produzidas e, no contexto atual, preservadas pela dinâmica excludente dos mercados. À margem dos principais fluxos econômicos, estados e municípios geograficamente distantes dos grandes centros buscaram implementar, nos anos 2000, políticas de desenvolvimento regional com o fim de torná-los mais competitivos e internamente menos desiguais.

Em 2003, é criada, no Ministério do Desenvolvimento Agrário (MDA), a Secretaria Nacional de Desenvolvimento Territorial (SDT). Sua atuação tinha o objetivo amplo de promoção de desenvolvimento sustentável, com base na multiplicidade de fatores sociais, culturais, ambientais, políticos e econômicos característicos de determinada realidade local, predominantemente rural.

O esforço do MDA nesse sentido resultou no lançamento, pelo Governo Federal, em 2008, do Programa Territórios da Cidadania. O governo do estado da Bahia apresenta sua adesão ao programa anunciando, em seu sítio, seus objetivos:

> [...] potencializar o desenvolvimento econômico e universalizar programas básicos de cidadania por meio de uma estratégia de desenvolvimento territorial sustentável. A participação social e a integração

de ações entre governo federal, estados e municípios foram fundamentais para esta construção[6].

O programa era coordenado pela Casa Civil, Secretaria-Geral da Presidência da República, Ministério do Planejamento e Ministério do Desenvolvimento Agrário. Já o marco conceitual do processo de territorialização utilizado pelo governo estadual da Bahia foi elaborado pela SDT. Desse marco conceitual, fazia parte a noção de Territórios de Identidade, definidos como unidades de planejamento do governo do estado da Bahia, por intermédio da Superintendência de Estudos Econômicos e Sociais da Bahia (SEI), vinculada à Secretaria de Planejamento. Integram as políticas públicas, viabilizando estrutura e condições para a implementação de ações consonantes aos critérios sociais, culturais, econômicos e geográficos formando um agrupamento identitário reconhecido enquanto espaço historicamente construído por sua população.

A Bahia reconheceu oficialmente os Territórios de Identidade na perspectiva de unidades de planejamento e execução das políticas públicas – com a publicação da Lei 10.705 de 14 de novembro de 2007, no *Diário Oficial do Estado* – quando estabeleceu o primeiro orçamento participativo do governo no Plano Plurianual (PPA) 2008/2011 seccionado, neste tempo, pelos 26 Territórios.

Contudo foi o Decreto n.º 12.354, de 25 de agosto de 2010, que instituiu o Programa Territórios de Identidade, com a finalidade principal de promover o desenvolvimento econômico e social dos 417 municípios:

> Art. 1º - Fica instituído o Programa Territórios de Identidade, com a finalidade de colaborar com a promoção do desenvolvimento econômico e social dos Territórios de Identidade da Bahia, em consonância com os programas e ações dos governos federal, estadual e municipal.
>
> § 1º - Considera-se Território de Identidade o agrupamento identitário municipal formado de acordo

---

[6] Disponível em: http://www.casacivil.ba.gov.br/modules/conteudo/conteudo.php?conteudo=40. Acesso em: 27 ago. 2020.

> com critérios sociais, culturais, econômicos e geográficos, e reconhecido pela sua população como o espaço historicamente construído ao qual pertence, com identidade que amplia as possibilidades de coesão social e territorial. (BAHIA, 2010. p. 1).

No que diz respeito à abordagem territorial,

> [...] nas décadas finais do século XX, houve um estímulo à reorientação na maneira de formular políticas públicas, evitando um viés focado nos setores produtivos e adotando-se uma estratégia de desenvolvimento territorial. (SOUSA; MOREIRA, 2014, p. 2).

Segundo Cruz (2015, p. 161), essa estratégia "foi elaborada pelo Estado sob um arranjo institucional histórico de organização da sociedade civil". A experiência do Programa Território da Cidadania, em nível federal, inspirou a identificação de prioridades temáticas considerando as especificidades regionalizadas no estado da Bahia, agora constituído por 27 Territórios de Identidade. A metodologia para essa identificação seguiu a perspectiva do sentimento de pertencimento e fomento ao espaço democrático por meio da participação das representatividades das comunidades na tomada de decisão.

Além da validação do planejamento territorial, esse decreto criou o Conselho Estadual de Desenvolvimento Territorial – CEDETER, órgão vinculado à Secretaria de Planejamento.

Segundo Dias:

> Consta que todo o arcabouço legal da política de desenvolvimento territorial na Bahia até dezembro de 2014 era fundamentado em Decretos do Governo e Resoluções de CEDETER, fato que gerava instabilidade nas ações por não estarem regulamentadas em Lei, a fim de que se tornasse política de estado e não de governo. Um marco legal, contendo os fundamentos gerais, conceitos, instâncias e espaços de participação, definições legais com objetivos da política, precisava ainda ser oficialmente instituído. (DIAS, 2017, p. 66).

O marco jurídico de maior significância, por elevar as ações estratégicas de desenvolvimento territorial baiano à categoria de Política de Estado, foi a Lei n.º 13.214, de 29 de dezembro de 2014, inclusive sendo obrigatoriamente inseridas no ciclo orçamentário, com inclusão de diversas secretarias e fortalecimento do controle social, solidificando o diálogo entre a sociedade civil e o Estado.

Mapa 1 – Mapa dos Territórios de Identidades da Bahia 2015/2018

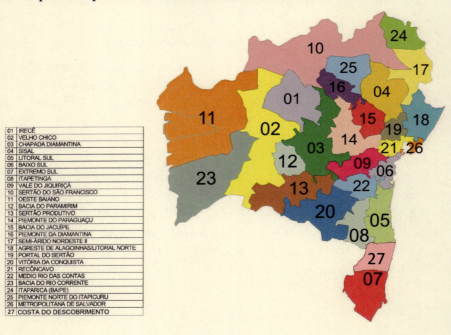

Fonte: SEI/SEPLAN, 2015

Mapa 2 – Mapa dos Territórios de Identidades da Bahia, 2018

Fonte: www.seplan.ba.gov.br. Acesso em: 27/08/2020

2.2 Vigilância

Considerando seu caráter multidimensional, outra definição pode ser apresentada sobre território. De acordo com o MDA, em "Referências para o desenvolvimento territorial sustentável/Ministério do Desenvolvimento Agrário" (2003),

> O território, nos marcos baianos, é conceituado como um espaço físico, geograficamente definido, geralmente contínuo, caracterizado por critérios multidimensionais e multiplicidade de fatores, tais como o ambiente, a economia, a sociedade, a cultura, a política e as instituições, e uma população com grupos sociais relativamente distintos, que se relacionam interna e externamente por meio de processos específicos, onde se pode distinguir um ou mais elementos que indicam identidade, coesão social e cultural. (BRASIL, 2003. p. 34).

Figura 5 – Território de Identidade Portal do Sertão

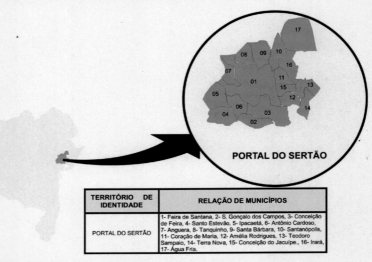

Fonte: www.seplan.ba.gov.br. Acesso em: 14 set. 2019

O Território de Identidade Portal do Sertão localiza-se no Centro-Norte Baiano, entre as coordenadas aproximadas de 11°41' a 12°34' de latitude sul e 38°31' a 39°26' de longitude oeste, ocupando uma área de 5.812 km² (INSTITUTO BRASILEIRO DE GEOGRAFIA E ESTATÍSTICA, 2011), o que corresponde a aproximadamente 1,1% do território estadual. Compõe a área de abrangência do semiárido com predominância do clima subúmido a seco, reunindo administrativamente 17 municípios: Água Fria, Amélia Rodrigues, Anguera, Antônio Cardoso, Conceição da Feira, Conceição do Jacuípe, Coração de Maria, Feira de Santana, Ipecaetá, Irará, Santa Bárbara, Santanópolis, Santo Estevão, São Gonçalo dos Campos, Tanquinho, Teodoro Sampaio e Terra Nova.

Como dito anteriormente, o pressuposto da organização do território em Territórios de Identidade é o de que a similar dinâmica socioeconômica entre seus componentes facilitaria a construção e implementação de projetos de desenvolvimento local. A caracterização do TI Portal do Sertão apresenta, entre seus municípios, homogeneidade que contempla essa orientação: todos apresentam predominância de setor de comércio e serviços (média de 74,8%) e alto índice de urbanização (média de 78,1%). Em termos de número de habitantes, há apenas uma discrepância: enquanto o número reduzido de habitantes é traço geral do TI (média inferior a 20 mil habitantes), Feira de Santana apresentava, em 2010, população de 556.642 habitantes. Já em 2020, a estimativa populacional era de 619.609 habitantes. Também em dados deste ano, o Território de Identidade Portal do Sertão totalizava 872.780 habitantes.

Quadro 3 – Divisão dos municípios por número de habitantes

Municípios	Porte por Habitantes	Número de Habitantes
Feira de Santana	Metrópole	619.609
Santo Estevão	Mais de 30 mil habitantes:	53.269
São Gonçalo dos Campos		37.942
Conceição do Jacuípe		33.398

Santa Bárbara		21.310
Amélia Rodrigues		25.048
Coração de Maria	Entre 20 e 30 mil habitantes:	28.078
Conceição de Feira		22.840
Irará		29.579
Ipecaetá		15.753
Água Fria		17.000
Antônio Cardoso	Entre 10 e 20 mil habitantes:	11.677
Anguera		11.297
Terra Nova		13.527
Santanópolis		8.781
Tanquinho	Inferior a 10 mil habitantes:	7.928
Teodoro Sampaio		7.425

Fonte: elaboração própria com dados extraídos do IBGE Cidades – População estimada 2020. https://cidades.ibge.gov.br/brasil/ba/feira-de-santana/panorama. Acesso em: 10 set. 2020

No que se refere à política de assistência, todos os 17 contam com a organização político-administrativa da Assistência Social ajustada à Política Nacional 2004, habilitados, portanto, para a gestão descentralizada e participativa, em nível básico ou pleno, uma vez que possuem órgão gestor, conselho municipal e fundo municipal de Assistência Social devidamente constituídos.

Após esse breve panorama do Território Baiano de Identidade Portal do Sertão, importa tratar a territorialização como base fundamental para o desenvolvimento de ações integradas entre políticas sociais e intersetoriais, tal como preconizado pelo Sistema Único de Assistência Social.

Segundo Milton Santos:

> O território, hoje, pode ser formado de lugares contíguos e de lugares em rede: as redes constituem uma realidade nova que, de alguma maneira, justifica a expressão verticalidade. Mas além das redes, antes

> das redes, apesar das redes, depois das redes, com as
> redes, há o espaço de todos, todo o espaço, porque
> as redes constituem apenas uma parte do espaço e
> o espaço de alguns. São, todavia, os mesmos lugares
> que formam redes e que formam o espaço de todos.
> (SANTOS, 1994, p. 10).

Isso nos provoca a seguinte reflexão: se o território se envolve, desde pequenas relações até composições mais amplas e complexas, além de diferentes níveis de poder, então sua delimitação não pode ser estática, já que as relações são dinâmicas e, portanto, mutáveis. Dessa forma, o componente que dá unidade a um território pode se transformar ou modificar, e, logo, a composição dos territórios também. Assim, no âmbito da Assistência Social, constata-se que podem emergir potencialidades ou vulnerabilidades nos territórios, sendo que estas podem estender-se a toda uma família ou indivíduos.

O significado dessa vertente territorial para a PNAS expressa-se no entendimento da heterogeneidade dos municípios, em suas realidades e especificidades, marcados pela desigualdade decorrente de fatores econômicos, sociais, culturais e políticos. A definição uniforme dos serviços, programas e projetos seria, portanto, insuficiente para implementação de respostas às demandas emergentes de curto, médio e longo prazo.

Nesse contexto, Santos afirma que o poder público é chamado a intervir em diversos domínios — seja para estabelecer ou reestabelecer o dito equilíbrio social, seja para oferecer aos cidadãos uma resposta às exigências, cada dia mais prementes da vida cotidiana, como a saúde, a educação, Assistência Social, os transportes, o trabalho, a diversão etc. (SANTOS, 2012a, p. 226-227).

Para Koga (2003), o território não seria apenas um acidente de percurso, um dado aleatório. Considerando que "o foco da proteção social está na família" (COUTO et al., 2010, p. 54) e deve incorporar uma dimensão territorial, o "território ganha uma expressiva importância na definição, planejamento e execução dos serviços, programas, projetos e benefícios oferecidos". Portanto, ele é fundamental nas trajetórias de grupos sociais e indivíduos, bem como na configuração de situações de exclusão. Nessa perspectiva e concordando com Koga (2003, p. 36), "os territórios são seres vivos e dinâmicos, pois nele atuam e integram atores sociais os mais diversos, que disputam sua ocupação". O conceito de território aí colocado se aproxima daquele desenvolvido por Milton Santos: o território é conceituado a partir de seu uso e aparece como resultado de um sistema de objetos e um sistema de ações (SANTOS, 2004, 2008). Nele, não apenas se apreendem as ações dos diferentes agentes, que em suas relações sociais o produzem como espaço da vida, mas também, e como contraponto, podem ser identificados projetos que o produzem como estratégia de dominação, principalmente econômica.

Assim, na realidade do TI Portal do Sertão se busca apreender as contradições, as ambiguidades e os potenciais presentes e futuros de evolução social ali embutidos. O território constitui uma dimensão que fortalece o vínculo entre a política de Assistência Social, as vivências da população demandatária, os processos de gestão, monitoramento e avaliação de políticas públicas, sem exclusão das correlações de forças que também demarcam esse espaço. Tudo isso se reflete significativamente nos municípios, compondo o processo de concepção e operacionalização da Vigilância Socioassistencial e o pacto federativo para financiamento dessa política pública.

No próximo passo, contextualizaremos a correlação dos conceitos de território, gestão do SUAS e a concepção da Vigilância Socioassistencial, com destaque para a construção e configuração nos municípios do Portal do Sertão.

2.3 Gestão do SUAS e a concepção da Vigilância Socioassistencial no TI Portal do Sertão

Considerar que a Assistência Social tornou-se uma política social pública, operacionalizada e gerida a partir de um sistema único e descentralizado, implica reconhecê-la como parte de uma arena social marcada por tensões e conflitos de interesses entre as diferentes classes sociais. No entanto, independentemente de suas potenciais ambiguidades e limite, se gestada e orientada para uma perspectiva emancipatória, contribuirá expressivamente para a ampliação da proteção dos direitos sociais.

A Vigilância Socioassistencial tem um papel muito importante a cumprir nesse objetivo. Essa é a função responsável por captar as localidades territorializadas nas unidades de referência em situação e desproteção social, cabendo ainda promover a ampliação da capacidade de proteção e defesa dos direitos, iniciando processos de planejamento, execução de ações, identificação de barreiras de acesso e avaliação da efetividade dessa política pública.

Conforme as Orientações Técnicas da Vigilância Socioassistencial:

> [...] a Vigilância evoca a apropriação e utilização de três conceitos-chave, a saber risco, vulnerabilidade e território, que inter-relacionados propiciam um modelo para análise das relações entre as necessidades de proteção social no âmbito da Assistência Social, de um lado; e as respostas desta política em termos de oferta de serviços e benefícios à população, de outro. (BRASIL, 2016, p. 12).

Acerca da noção de risco, as Orientações Técnicas da Vigilância Socioassistencial indicam em que termos sua apreensão pela política de assistência deve se dar:

> O conceito de risco é utilizado em diversas áreas do conhecimento e tem aplicação distinta no âmbito de diversas políticas públicas, tais como, saúde, meio-ambiente, segurança etc. Via de regra, a operacionalização do conceito visa identificar a probabilidade ou a iminência de um evento acontecer e, consequentemente, está articulado com a disposição ou capacidade de antecipar-se para preveni-lo, ou de organizar-se para minorar seus efeitos, quando não é possível evitar sua ocorrência. Sendo assim, a aplicação do conceito de risco está necessariamente associada à predefinição de um evento (ou de um certo conjunto de eventos), tendo em vista a peculiaridade de cada área. A adoção desta perspectiva não exclui, obviamente, a necessidade de compreensão das dimensões culturais ou subjetivas por meio

da qual os indivíduos e a sociedade reconhecem, avaliam e valoram os riscos. (BRASIL, 2016, p. 13).

Embora a pobreza seja um fator determinante, há outro aspecto a ser observado: a não priorização das intervenções das políticas públicas em resposta às diversas determinações da vulnerabilidade temporária e/ou social. Esta resulta, por sua vez, do impacto da configuração de estruturas e instituições econômico-sociais sobre comunidades, famílias e pessoas em distintas dimensões da vida social. Configuração que repercute, ainda, sobre as dinâmicas das relações sociais e aprofundamento das desigualdades socioterritoriais.

Coadunando com Farias (2013, p. 13), isso significa que:

> [...] as potencialidades ou vulnerabilidades das famílias e indivíduos são, em certa medida, reflexo das características do território em que estão inseridos. Como consequência desta perspectiva, o território em si, também deve ser encarado como objeto de intervenção/atuação da política de Assistência Social, para além das ações desenvolvidas com as famílias e indivíduos.

Sobre o conceito de território, reiteramos a consonância com a teoria de Milton Santos:

> O território, hoje, pode ser formado de lugares contíguos e de lugares em rede: as redes constituem uma realidade nova que, de alguma maneira, justifica a expressão verticalidade. Mas além das redes, antes das redes, apesar das redes, depois das redes, com as redes, há o espaço de todos, todo o espaço, porque as redes constituem apenas uma parte do espaço e o espaço de alguns. São, todavia, os mesmos lugares que formam redes e que formam o espaço de todos. (SANTOS, 1994, p. 16).

A capilaridade da Assistência Social nos territórios, a sua capacidade de resposta às situações de vulnerabilidade e risco social e a função de assegurar a proteção social a tornam política essencial na garantia das necessidades básicas e defesa dos direitos da população brasileira.

Também já destacamos que outra inovação relevante do Sistema Único de Assistência Social são as classificações por níveis de gestão — quais sejam, inicial, básica ou plena. Dessa forma, para cada nível são estabelecidos requisitos, responsabilidades e incentivos financeiros. Pois bem, a gestão, planejamento, sistematização e execução dos serviços, programas, projetos e benefícios ofertados pelo SUAS são apoiados pela Vigilância Socioassistencial, por meio da elaboração de instrumentos, produção, organização e análise de indicadores, índices e dados territorializados das vulnerabilidades sociais nos municípios. Fato que propicia a constatação de que é possível uma gestão planejada, integrada e participativa, buscando a implementação e operacionalização de políticas públicas efetivas e que possam melhorar a vida da população.

> Informação e conhecimento são insumos fundamentais para aprimoramento e inovação das políticas e programas públicos. Por si só não são suficientes, mas são certamente imprescindíveis frente à escala, escopo e complexidade que caracterizam a ação governamental no mundo contemporâneo. (JANNUZZI, 2016, p. 9).

Tratando-se de ferramenta de gestão, a Vigilância estimula e potencializa a prática de planejamento estratégico e territorializado, monitoramento e avaliação da política. O objetivo é tornar mais efetivos os diversos mecanismos de superação de situação de riscos pessoais, vulnerabilidades temporárias e sociais. Ao considerar padrões de qualidade estabelecidos na Política Nacional de Assistência Social (2004), para oferta de serviços, programas, projetos e benefícios, sua concepção ancora-se em um conjunto integrado de conceitos e categorias, que buscam instituir uma abordagem específica para a produção de conhecimentos aplicados ao planejamento e desenvolvimento da Política de Assistência Social.

Segundo Pires (2016, p. 20),

> A função Vigilância Socioassistencial é contínua, pois antecede o planejamento da política de Assistência Social, por meio de três elementos de sustentação na

gestão federativa. O primeiro é o Cadastro Nacional para Programas Sociais — CadÚnico, com informações de famílias e indivíduos com renda de até três salários-mínimos, famílias com renda de até meio salário mínimo por pessoa e famílias com renda superior a três salários mínimos, desde que o cadastramento tenha vinculação em programas sociais nas três esferas de governo. O segundo elemento consiste na implantação de ferramentas informacionais, desenvolvidas pela Secretaria de Avaliação e Gestão da Informação (SAGI) e compartilhadas com a Secretaria Nacional de Assistência Social (SNAS). Tais ferramentas são disponibilizadas, para determinados acessos, para gestores, técnicos, pesquisadores e cidadãos, possibilitando verificar informações sobre as famílias e indivíduos cadastrados no CadÚnico, identificar territórios com maior incidência de segmento prioritário, acompanhar o desenvolvimento de programas sociais do governo federal, entre outros. A coleta dessas informações individuais pode se tornar instrumento de conhecimento coletivo, e o cadastro permite a territorialização das famílias. O terceiro elemento é o Censo SUAS, responsável por divulgar o acompanhamento da política de Assistência Social anualmente, com o objetivo de apresentar a presença dos serviços socioassistenciais nos estados e municípios brasileiros.

A estruturação da Vigilância Socioassistencial nos municípios de TI Portal do Sertão apresentou-se como tarefa complexa para as gestões locais, pois exigiu e continua exigindo investimentos em recursos humanos e equipamentos. Os profissionais da área têm, entre suas atribuições, o assessoramento das equipes do SUAS, especialmente de referência dos serviços, tendo como foco a introdução de rotinas para levantamento diário de informações, com vistas a manter a regularidade e a qualidade das informações prestadas a partir dos seguintes elementos: coleta de dados a partir dos relatórios mensais de atendimento e acompanhamento físico, verificação da autenticidade das informações prestadas considerando as características e especificidades do território de abrangência dos equipamentos socioassistenciais, apreciação do padrão dos serviços e intencionalidade com referência ao pacto de aprimoramento de gestão do SUAS em âmbito local.

Em termos de instrumentos para coleta de dados, podemos considerar:

- Instrumentos utilizados no atendimento diário dos CRAS, CREAS, Serviço de Convivência e Fortalecimento de Vínculos, Primeira Infância no SUAS, ACESSUAS Trabalho, Ações Estratégicas do PETI, Serviços de Acolhimento, Centro Dia Idoso e Centro Pop. A fim de ampliar o leque de informações disponíveis à gestão do SUAS, à população usuária e a toda a sociedade brasileira, a Secretaria Nacional de Assistência Social (SNAS) criou um conjunto organizado e categorizado de dados específicos, registrados por meio de instrumentos utilizados no cotidiano da prestação de serviços. Os bancos formados por esses dados permitem trabalhar com séries históricas desde 2011. Associam instrumentos e condições tecnológicas de produção, recebimento, armazenamento e entrega de dados, com as operações de gestão, financiamento e controle social da política, tornando-se recurso valioso organizado e utilizado conforme as demandas municipais, mesmo com a fragilidade do tratamento desses dados na operacionalização da Vigilância Socioassistencial em nível local.

A maior expressão do monitoramento e possibilidade de avaliação dos resultados dos atendimentos dos técnicos de referência, atores responsáveis pelo registro mensal das informações, aprimorando a observação sobre acontecimentos ou padrões territorializados, são os relatórios disponibilizados em nível federal e estadual, quais sejam:

- Relatórios Mensais de Atendimento (RMA) – criados pelo MDS, por meio da Resolução CIT n.º 04, de 1º de março de 2012, consiste no principal instrumento de aferição da demanda assistida, mediante um conjunto de informações padronizadas nacionalmente sobre os serviços ofertados, que devem ser coletados, organizados e armazenados pelos CRAS, CREAS e demais unidades de referência da proteção social básica e especial.

- Registro de Acompanhamento Físico (RAF) – criado pela Superintendência de Assistência Social, da Secretaria Estadual de Justiça, Direitos Humanos e Desenvolvimento Social da Bahia. O RAF integra a Rede SUAS Bahia, conforme Resolução n.º 008/2016 da Comissão Intergestores Bipartite – CIB. Fruto de amplo processo de debate e discussão, consolidou-se como ferramenta capaz de qualificar dados dos atendimentos e acompanhamentos realizados, possibilitando: i) avaliar a execução física dos recursos repassados pela Gestão Estadual; ii) dar indicadores das situações de vulnerabilidade e risco que incidem sobre as famílias; e iii) informar acerca dos padrões de qualidade dos serviços ofertados pela rede socioassistencial. Funciona, assim, como um complemento às informações do Registro Mensal de Atendimentos – RMA.

O RMA e o RAF são instrumentos imprescindíveis para registro físico das demandas de atendimento individualizado, acompanhamento familiar, intervenções em grupos intergeracionais e referenciamento das famílias e indivíduos. Alinhados a outros instrumentos de diagnóstico de oferta, demanda e avaliação — Censo SUAS, Prontuário SUAS, Cadastro Nacional do SUAS, CadÚnico, ferramentas SAGI —, permitem também, à população atendida, o acesso a diversas políticas públicas territorializadas e concessões de benefícios — eventuais e de transferência de renda como Bolsa Família e Benefício de Prestação Continuada —, nos respectivos equipamentos socioassistenciais, possibilitando, inclusive, a construção de indicadores de eficácia e efetividade que mensurem os impactos da superação das vulnerabilidades temporárias e sociais das famílias baianas.

Trata-se, assim, de importante conjunto de instrumentos e, logo, potencial de obtenção de informações imprescindíveis para o desenvolvimento de políticas de qualidade. No entanto a existência dos instrumentos não basta. O processo de transformação dos dados em informação exige o desenvolvimento de ações complementares. Em termos iniciais (voltaremos ao tema do processamento mais adiante), podemos apontar dois tipos de ações preliminares: de um lado, discussão permanente visando assegurar que o corpo desses instrumentos seja coerente com concepções e orientações da política em termos conceituais e metodológicos, além de genuinamente próximos da realidade socioterritorial e das famílias e usuários do sistema de proteção social. De outro lado, todo o esforço de verificação da autenticidade dos dados coletados seria beneficiado pelo provimento de formação continuada dos trabalhadores e gestores do SUAS acerca da relevância dos registros, tanto quanto do desenvolvimento de estratégias de modernização por intermédio de diversas possibilidades tecnológicas para registro em tempo real e constituição de indicadores, parâmetros e medidas de análise quanti-qualitativa sobre cobertura, acesso e qualidade da Política de Assistência Social em âmbito municipal, a partir de instrumentais de gestão da informação ligados à função Vigilância Socioassistencial.

No que se refere aos fluxos, respeitando "o comando único em cada esfera de governo", competirá a cada gestão municipal definir seus ritos para regulação desse processo de forma interna, em seu âmbito. Do mesmo modo, compete à gestão estadual fixar os prazos para envio das informações pelos municípios de forma periódica, monitorar o processo do preenchimento e os dados lançados, bem como promover a divulgação das informações analisadas/avaliadas em cada período. Pensando no recorte do nosso estudo, TI Portal do Sertão, constata-se que não há um processo coletivo de construção intersetorial ou socioassistencial de fluxos operativos da Vigilância Socioassistencial, e, considerando a predominância de existência de municípios de pequeno porte I e II e em nível de gestão básica do SUAS, percebe-se a necessidade de efetiva formalização da função, consolidação de ferramentas técnicos-administrativas e metodologias que materializem a padronização de instrumentais e dos serviços da rede municipal, de maneira que dialoguem com o banco de dados estadual e federal. Seja por meio de instrumentos utilizados pela rede socioassistencial, aprimoramento das ações de buscas ativas nos territórios de abrangência dos equipamentos da proteção social básica e especial, utilização do prontuário SUAS, ou, ainda, através de outros dispositivos criados em nível local.

É inegável a importância da disponibilização atualizada dos bancos de dados do RMA, Censo SUAS e do Cadastro Único no nível federal, bem como do Registro de Acompanhamento Físico (RAF), no nível estadual, que expressam o cotidiano dos serviços socioassistenciais. O nível municipal, por sua vez, enfrenta desafios importantes. Em primeiro lugar, os municípios ainda não dispõem de recursos para o desenvolvimento de softwares de monitoramento, integração e análise de dados, fato perceptível com intensidade nos municípios de pequeno porte I e II. Na prática, isso implica precarização da operacionalização da Vigilância Socioassistencial no nível local. Muitos municípios acabam comprando softwares ofertados no mercado, alternativa que oferece pouca ou nenhuma resolutividade para as demandas municipais, já que a contratação de empresas prestadora de serviços ou terceirização desse fluxo de informatização do SUAS nem sempre condiz com a realidade socioterritorial desses municípios. Na maioria das vezes, os dados são produzidos independentemente das prioridades políticas e perfil de governança adotados na gestão local, visando garantir captação de recursos sociais e financeiros para relações clientelistas, que favoreçam interesses muitas vezes contrários à cidadania social e efetividade dos direitos socioassistenciais. A oferta por parte da União de software centralizado, com informações históricas e possibilidade de emissão de relatórios conforme as demandas dos municípios contribuiria para solucionar esse problema e estimular as gestões municipais a implantarem equipes de Vigilância Socioassistencial. O desafio a esse respeito consiste, portanto, na ampliação da capacidade do armazenamento dos bancos de dados, processo que remete à criação de bancos unificados por parte do MDS, com possibilidade de ancoragem dessas informações em nível local.

Ainda no nível municipal, um segundo fator dificultador é a escassez de conhecimento de linguagens computadorizadas para tratamento dos dados. No caso dos municípios do TI Portal do Sertão, acrescente-se, ainda, a dificuldade de as cidades, na maioria dos casos, ainda não contarem com uma rede de internet fluida e um sistema informatizado municipalizado que responda às suas necessidades de monitoramento mensal da rede.

A terceira dificuldade enfrentada em nível municipal está em que, embora o atual Ministério da Cidadania monitore os dados por meio dos sistemas da SAGI/Rede SUAS — a exemplo do Registro Mensal de Atendimentos (RMA), CadÚnico, Prontuário SUAS, Sistema de Informação do Serviço de Convivência e Fortalecimento de Vínculos (SISC) —, não é suficiente coletá-las, mas é preciso organizá-las, de modo que esses dados retratem fidedignamente as necessidades sociais. O efeito disso é a fragilização do objetivo de subsidiar o trabalho das equipes do SUAS, principalmente as que desenvolvem o trabalho social com famílias nas unidades dos CRAS, CREAS e comunidades e que, no "chão do SUAS", mediam a relação dos atores do jogo sociopolítico conforme regras, estrutura e conjuntura das forças circundantes. Outro efeito negativo é impedir que se avance na superação do entendimento da Vigilância como "mera repassadora de dados". Por fim, a despeito das lacunas a superar, não há como desconsiderar que, cumprindo-se o prazo de lançamento no sistema junto ao Ministério e/ou Secretaria Estadual, garante-se o repasse mensal do cofinanciamento federal e/ou estadual do respectivo serviço.

Para Arregui e Koga:

> O desafio é materializar nos processos de gestão as condições, procedimentos, fluxos de integração e articulação dessas informações no cotidiano da intervenção, no processo de gestão e entre as esferas de governos, de forma a permitir que a Vigilância Socioassistencial ilumine prioridades, metas e parâmetros para o planejamento, monitoramento e avaliação da oferta e demanda de serviços socioas-

sistenciais, contribuindo assim para a produção de equidade e isonomia no acesso do cidadão ao seu direito por atenções socioassistenciais. (ARREGUI; KOGA 2013, p. 37).

A gestão da informação é ferramenta imprescindível, visto que é a capacidade de utilizar as fontes de informação, apreciá-las, analisá-las, sistematizá-las e transformá-las em instrumentos técnicos e operativos para subsidiar o planejamento e a tomada de decisões. Destarte, o produto da gestão da informação é um diagnóstico socioassistencial e socioterritorial fidedigno à realidade e capaz de construir proposições que viabilizem alterações significativas nos serviços e na vida da população.

Daí a centralidade da Vigilância para o aperfeiçoamento constante da Política de Assistência Social, de modo a apoiar estratégias de gestão sempre renovadas, incorporando ao planejamento a territorialização da execução de suas intervenções e ressignificando fatores determinantes em relação a sua concepção, métodos, organização e operacionalização. Consequentemente, a garantia de uma política de proteção social que rompa com estruturas que reforçam a subalternidade dos sujeitos, o assistencialismo, a filantropia e a benemerência por décadas, mantendo-os à margem[7] do sistema econômico vigente e violando institucionalmente seus direitos sociais.

2.4 Panorama da Vigilância Socioassistencial nos municípios do TI Portal do Sertão

Nesse item, propomos a apresentação dos dados coletados sobre a concepção e operacionalização da Vigilância Socioassistencial no território de identidade estudado, a partir de informações disponibilizadas sobre o período de 2016 até hoje.

No âmbito de uma gestão municipal, a concepção e a implantação da Vigilância Socioassistencial exigem um processo de construção de consenso institucional. A função é complexa e muitas vezes não

---

[7] Refere-se à população mantida excluída do acesso à riqueza produzida no Brasil.

formalizada. Forma importante de legitimá-la é a criação de um setor, diretoria ou coordenadoria na estrutura organizacional do órgão gestor da Assistência Social local, que permite também normatizar e organizar fluxos no processo de trabalho da V.S. Embora a V.S. esteja regulamentada como função desde a PNAS/2004, a NOB-SUAS 2012 e as Orientações Técnicas aprovadas em 2013, ambas supramencionadas, tiveram papel fundamental para o reconhecimento das instâncias de planejamento, produção e análise de informações no sistema. Nos municípios componentes do Território de Identidade Baiano Portal do Sertão, a concepção da Vigilância Socioassistencial passou a ser considerada de maneira mais sistemática a partir do ano de 2015, assumindo, entre outras atribuições, o papel de subsidiar a rede de serviços públicos e privados, integrando a área técnica e a de execução da política também nas áreas administrativas e financeiras, qualificando, assim, o planejamento dos órgãos gestores, serviços e programas socioassistenciais.

Relembrando as Orientações Técnicas da Vigilância Socioassistencial:

> A Vigilância deve apoiar atividades de planejamento, organização e execução de ações desenvolvidas pela gestão e pelos serviços, produzindo, sistematizando, analisando informações territorializadas sobre: as situações de vulnerabilidade e risco que incidem sobre famílias e indivíduos; os padrões de oferta de serviços e benefícios socioassistenciais, considerando questões afetas ao padrão de financiamento, ao tipo, volume, localização e qualidade das ofertas e das respectivas condições de acesso. (BRASIL, 2016, p. 11).

Ou seja, a operacionalização da Vigilância Socioassistencial deve ser compreendida estrategicamente como articulação de processos para compatibilizar a demanda e a oferta da Política de Assistência Social no âmbito local, disseminando informações territorializadas.

No âmbito do SUAS, são geradas muitas informações que, sistematizadas de forma qualificada, permitem a estruturação de proposições que respondam às necessidades dos usuários/demandatários por meio da implementação de serviços que promovam a alteração real da vida.

> Reconhecer que a dinâmica demográfica e socioeconômica imprime diferenças nos municípios brasileiros é o ponto de partida para pensar espaços de intervenção social, capazes de responder a uma ampla gama de necessidades, demandas e potencialidades. Olhar para as condições de vida presentes nos territórios e, sobretudo, auxilia no melhor desenho das estratégias de proteção social em função das especificidades socioterritoriais encontradas. (ARREGUI, 2013, p. 70).

Para além dessas balizas teóricas e legais, entendemos que seria importante acrescentar, às reflexões deste trabalho, elementos concretos e dialogados com a realidade dos municípios que compõem o território pesquisado. Elementos que verdadeiramente historicizam e refletem o processo de concepção e operacionalização da Vigilância Socioassistencial. Assim, considerando a deficiência de oferta de formação continuada para a área da Vigilância Socioassistencial, nos moldes previstos no Plano de Educação Permanente do SUAS, inicialmente planejamos a realização de um I° Encontro de Vigilância Socioassistencial do TI Portal do Sertão, em que aplicaríamos questionário presencialmente para esta pesquisa. Contudo, com a declaração de situação de emergência decorrente da pandemia do Novo Coronavírus e as medidas de segurança sanitária, houve necessidade de modificar a estratégia e recorrer a ferramentas digitais, via internet.

Foi enviado aos 17 municípios do TI, com minha identificação como pesquisadora do mestrado e também como trabalhadora e pesquisadora do SUAS, o Formulário "Vigilância Socioassistencial: Concepção e Operacionalidade no Território Baiano de Identidade Portal do Sertão no período de 2016/2019" (anexo I), elaborado via plataforma Google Forms e encaminhado aos gestores e/ou técnicos responsáveis pela Vigilância Socioassistencial municipal.

Após 30 dias sem receber novas respostas, constatamos que, apesar do retorno menor que o esperado, valeria a pena apresentar os dados obtidos. Se não por terem representatividade estatística e autorizarem a generalização das interpretações, por propiciarem um retrato de municípios sobre os quais se tem pouca informação e cujas especificidades devem ser levadas em consideração para pensar o fortalecimento da vigilância.

Outro fator conjuntural que incidiu sobre este trabalho deu-se antes da pandemia: o processo de eleições municipais de 2020. À posse do prefeito eleito seguiu-se a transição de gestão e, portanto, mudança de equipes técnicas de referência dos serviços, programas e projetos socioassistenciais nos municípios. Além das repactuações necessárias à continuidade da pesquisa, foi possível constatar o rodízio de profissionais e, logo, a não priorização da implantação da Vigilância Socioassistencial e da gestão do trabalho no SUAS nos municípios do TI Portal do Sertão. Enquanto no caso da pandemia, a dificuldade foi parcialmente resolvida com a aplicação de questionários on-line. No da renovação das equipes, com esperado período de adaptação e suas consequências, foi mais difícil contorná-la.

Conforme quadro 4[8], oito municípios participaram e contribuíram com a pesquisa, sendo uma metrópole, uma cidade de médio porte, dois municípios de pequeno porte II e quatro municípios de pequeno porte I. Não participaram da aplicação do *survey* nove municípios, sendo quatro de pequeno porte I e cinco de pequeno porte II. Em contato posterior com esses nove municípios, tivemos a informação de que o não retorno dos questionários se devia ao fato de que encontravam-se sem disposição de setor, coordenação, diretoria, equipe ou técnico de referência de Vigilância Socioassistencial devidamente formalizada ou constituída informalmente, até o momento de encerramento da coleta, em 25 de abril de 2021.

---

[8] No Quadro 1, apresentamos os municípios organizados segundo sua classificação por porte. No TI Portal do Sertão, temos oito municípios de pequeno porte I, sete municípios de pequeno porte II, um município de médio porte e um município metrópole.

Quadro 4 – Municípios respondentes e não respondentes

MUNICÍPIOS RESPONDENTES		MUNICÍPIOS NÃO RESPONDENTES	
Porte	Município	Porte	Município
Pequeno porte I	Anguera	Pequeno porte I	Água Fria
	Antônio Cardoso		Santanópolis
	Ipecaetá		Tanquinho
	Teodoro Sampaio		Terra Nova
Pequeno porte II	Amélia Rodrigues	Pequeno porte II	Conceição de Feira
	Coração de Maria		Conceição do Jacuípe
Médio Porte	Santo Estêvão		Irará
Metrópole	Feira de Santana		São Gonçalo dos Campos
			Santa Barbara

Fonte: pesquisa *survey* Vigilância Socioassistencial no TI Portal do Sertão – Bahia 2020/2021

Essa condição é digna de nota: se considerada a transitoriedade nas respostas do Censo SUAS para fins de manutenção do cumprimento do pacto federativo, pode-se gerar uma situação de preenchimento dos sistemas com o objetivo de garantir o financiamento da política, independentemente da fidedignidade dos dados, o que pode fragilizar sua qualidade.

Enquanto a devolução dos questionários por oito dos municípios que compõem o território de identidade estudado sugere atenção ou prioridade na estruturação de mecanismos capazes de propiciar a coleta, a padronização, a sistematização e a organização de informações produzidas por seus respectivos serviços, a falta de retorno dos demais nove municípios poderia sugerir o oposto, ou seja, a situação bastante comum de cumprimento da função de Vigilância Social apenas com fins de cofinanciamentos estadual e federal. Essa configuração, por sua vez, fortalece a premissa de que neste território, vivenciamos o processo de implantação da vigilância, haja vista as fragilidades teóricas e operacionais que envolvem a compreensão da sua concepção.

A esse respeito, o questionário aplicado perguntava se Vigilância Socioassistencial se encontrava formalizada por normativa municipal. Dos oito munícipios participantes, quatro responderam positivamente, dois ainda estão em condição informal e dois não tem formalização a partir de normativas legais. Aos que disseram ter a Vigilância formalizada, pedimos que indicassem por meio de qual Lei ou Decreto. Foram citadas três leis (Amélia Rodrigues – Lei n.º 695/2016; Feira de Santana – Lei Complementar n.º121/2018; Santo Estevão – Lei n.º 390/2015) e uma portaria municipal (Coração de Maria – Portaria n.º 68/2015).

Gráfico 1 – Municípios com V.S. formalizada

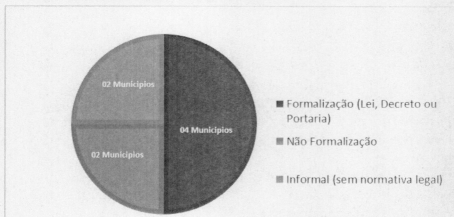

Fonte: pesquisa *survey* Vigilância Socioassistencial no TI Portal do Sertão – Bahia 2020/2021

Além da formalização por lei, decreto ou portaria, perguntamos também o estágio em que se encontrava a implantação da Vigilância nos municípios dos respondentes: se finalizada, em andamento ou não constituída. Dos oito, dois estão com o processo finalizado, três com implantação em andamento e três sequer iniciaram-na, conforme o Gráfico 2.

Gráfico 2 – Processo de Implantação da V.S. nos municípios participantes

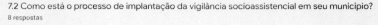

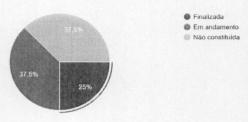

Fonte: pesquisa *survey* Vigilância Socioassistencial no TI Portal do Sertão – Bahia 2020/2021

Considerando essas duas informações conjuntamente, temos um quadro que vai na direção do que a prática mostra: existe uma morosidade na destinação de investimentos para estruturação da Vigilância Socioassistencial, ficando constatado que ainda não há plenitude na articulação da função com a formalização, implantação e padronização dos serviços no TI Portal do Sertão, especialmente nos municípios de pequeno porte, mesmo reconhecendo progressos na efetivação do SUAS, conforme explicitado no Plano Estadual da Bahia de Assistência Social 2020-2023. Outra percepção revelada é que a desinstitucionalização da Assistência Social na estrutura do governo do Estado da Bahia, reduzindo a Secretaria especifica a uma Superintendência, incentiva a não priorização da reformulação da estrutura administrativa nos territórios e municípios, inviabilizando a plena efetivação da Política de Assistência Social, não apenas no TI Portal do Sertão, mas em todo o território baiano.

Na estrutura estadual, a Vigilância Socioassistencial está inserida na Coordenação Estadual de Gestão do SUAS, tendo a equipe composta por três pedagogas e um administrador de empresas para atender a 417 municípios baianos. Essa situação se mostra e afeta também a configuração do corpo técnico de referência, tal como recomendado pela NOB-RH/SUAS e Orientações Técnicas da Vigilância Socioassistencial:

> A equipe da Vigilância deve ser multidisciplinar. Sugere-se que nos estados, nas metrópoles e nos municípios de grade porte a equipe da Vigilância Socioassistencial inclua profissionais das seguintes formações:
>
> • Sociologia;
>
> • Estatística;
>
> • Serviço Social;
>
> • Psicologia
>
> [...] Se o município/estado não tiver condições de constituir uma equipe com formação própria, então, ele deve capacitar funcionários da secretaria que tenham predisposição a aprender a manipulação de dados e de sistemas informatizados. As equipes precisam ser contratadas ou capacitadas a fim que se adequem ao olhar da Vigilância. Quando o órgão gestor só dispõe de profissionais com formação de Psicologia e Serviço Social, é preciso que eles tenham predisposição e sejam capacitados para realizar atividades técnicas, como produção de relatórios, tabelas, gráficos e indicadores. Se, por outro lado, a equipe seja mais centrada em profissionais de qualidades técnicas, como estatísticos e programadores, é necessário que estes profissionais sejam capacitados nos conceitos e atividades da Assistência Social, como normatizações (LOAS, PNAS, NOB/SUAS 2012, NOB/RH, Lei 12.435) e orientações técnicas. (BRASIL, 2014, p. 42).

No TI Portal do Sertão, alguns municípios seguem as orientações técnicas de formação do corpo técnico da Vigilância. O Gráfico 3 mostra a área de formação desses profissionais. Excetuando-se os respondentes em cujos municípios a Vigilância não está implementada, vê-se que os que designaram responsáveis pela função escolheram preferencialmente profissionais de nível médio ou formados em Serviço Social. Embora as opções "sociologia", "estatística", "economia" tenham sido oferecidas, nenhuma das equipes dos municípios respondentes indicou a presença de profissionais desses campos de formação.

Gráfico 3 – Composição de Equipe Técnica

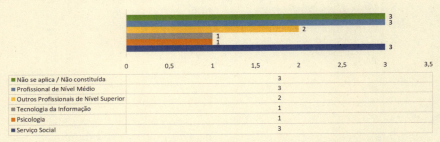

Fonte: pesquisa *survey* Vigilância Socioassistencial no TI Portal do Sertão – Bahia 2020/2021

É de se reconhecer o esforço em designar um profissional para o cumprimento das tarefas da Vigilância, em um contexto de reduzido quadro de profissionais. Contudo esse esforço produz resultados limitados se não acompanhado de investimento nas capacitações necessárias para qualificar a compreensão da realidade socioterritorial local. Todos os municípios participantes desta pesquisa tiveram seus técnicos remanejados de outros setores exclusivamente para cumprir o papel ainda mecânico da Vigilância, ou seja, meramente de alimentação de sistemas componentes da Rede SUAS do Ministério da Cidadania e do Sistema de Acompanhamento do Cofinanciamento (SIACOF) da Superintendência de Assistência Social/ Secretaria Estadual de Justiça, Direitos Humanos e Desenvolvimento Social.

Uma equipe qualificada pode contribuir com eficácia para organização de dados, diagnósticos e articulação de todas as informações oriundas da rede socioassistencial.

> A produção de informação ganha sentido para a política permitindo aos órgãos gestores, às equipes técnicas de referência e à rede socioassistencial como um todo, gerar fluxos de informação com caminhos de ida e volta, fortalecer a capacidade de registro e análise das equipes técnicas e gestoras quanto às demandas sociais, a sua própria. (ARREGUI; KOGA, 2013, p. 39).

Tal reflexão nos leva a indagar se os instrumentais e sistemas disponíveis no âmbito do SUAS são utilizados em plenitude ou são preenchidos meramente pela obrigatoriedade de elaborar demonstrativos de acompanhamento físico da execução dos serviços, programas e benefícios socioassistenciais. Ainda que os municípios apresentem clareza sobre a importância da implantação da Vigilância para legitimação do SUAS no âmbito municipal e territorial, percebe-se que não há um aproveitamento da farta quantidade de informações produzidas pela sociedade, bem como daquelas geradas pela rede de serviços socioassistenciais, uma vez que encontram-se fragmentadas, desarticuladas, inviabilizando produtos informativos territorializados.

A pesquisa mostra como ainda é complexa a operacionalização da Vigilância Socioassistencial para a gestão, pois exige investimentos em recursos humanos, formação continuada, tecnologia de informação e equipamentos. A pergunta sobre como é realizado o registro de informações aponta que os oito municípios utilizam exclusivamente as ferramentas disponibilizadas pelos sistemas da Rede SUAS (Ministério da Cidadania) e do SIACOF (SJDHDS/BA). Portanto, deixa ver que é fundamental focar na introdução de rotinas e fluxos para levantamento diário de indicadores sociais, com vistas a manter a regularidade e a qualidade das informações prestadas (coleta, fidedignidade e intencionalidade), ampliando a capacidade de gestão informacional. Esse processo exige, ainda, o desenvolvimento de ações que analisem a prática e promovam reflexão permanente quanto às concepções, às orientações da política em termos conceituais e metodológicos e a capacidade protetiva das famílias referenciadas.

A partir daí, vislumbramos a necessária identificação de fontes de dados do território e/ou município que, somados às informações geradas por outras políticas públicas e setoriais, podem ser importantes para o conhecimento do próprio espaço local e global, perfil do usuário, tipo e volume de atendimento, mapeamento de situações de risco e vulnerabilidade composto ainda por violação de direitos e violências no território.

Considerando as exemplificações sobre sistemas de coleta de dados em nível estadual e federal explanadas no decorrer deste estudo, ficou constatado outro indicador para análise: o não investimento em sistemas informatizados em âmbito municipal, desenvolvidos pelas próprias prefeituras ou por outros serviços de pessoa jurídica, parcerias, convênios ou assessorias. Em 17 anos de PNAS, os esforços construídos para consolidação da Vigilância Socioassistencial solidificam-se incialmente com a criação da Secretaria de Avaliação e Gestão da Informação (SAGI) vinculada ao então Ministério de Desenvolvimento Social (MDS), em 2004.

> A necessidade de implantação de sistemáticas de monitoramento e avaliação e sistemas de informações para a área remontam aos instrumentos de planejamento institucional, onde aparecem como componente estrutural do sistema descentralizado e participativo, no que diz respeito aos recursos e sua alocação, aos serviços prestados e seus usuários. (PNAS, 2004, p. 56).

A contribuição da Vigilância Socioassistencial materializa-se quando resulta em estudos, planos e diagnósticos capazes de ampliar o conhecimento sobre a realidade, auxiliar no planejamento e organização das ações da proteção social básica e especial nos territórios, firmando o compromisso com a garantia das seguranças sociais afiançadas pelo SUAS.

A tecnologia da informação incorporada ao SUAS representa a capacidade de coletar, analisar, sistematizar, utilizar as fontes, transformando-as em subsídios para o planejamento e a tomada de decisão no espaço de correlação de forças políticas e sociais no âmbito local.

Figura 6 – Vigilância Socioassistencial: macro e microinformações

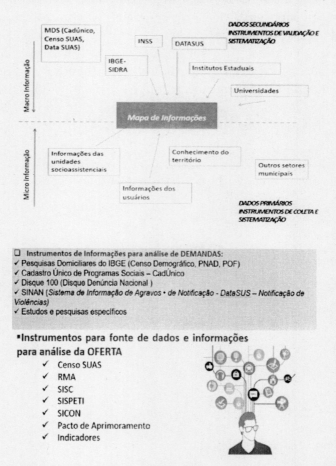

Fonte: Superintendência de Assistência Social – SAS/SJDHDS/Bahia 2018

Buscando apreender o quanto dessas diretrizes está presente nas concepções acerca da Vigilância Socioassistencial entre os profissionais da área, o questionário apresentava duas perguntas próximas: uma sobre como o entrevistado definiria a função e o objetivo da Vigilância e outra sobre qual a compreensão do entrevistado sobre a vigilância. A expectativa era de apreender se havia diferenciação entre a maneira como os entrevistados formulavam suas concepções sobre a competência da vigilância, para além das definições formais de seus objetivos postas nas orientações técnicas. As respostas à segunda pergunta aproximaram-se muito das respostas relativas às funções e objetivos. Assim, as apresentamos conjuntamente assumindo que elas expressam, de forma mais ampla, o lugar dado à Vigilância por este grupo de profissionais a ela dedicado no cotidiano da gestão da política de Assistência Social, nos municípios do TI Portal do Sertão.

Gráfico 4 – Categorização das respostas dos/as entrevistados/as sobre função e objetivo x competência da Vigilância Socioassistencial no município

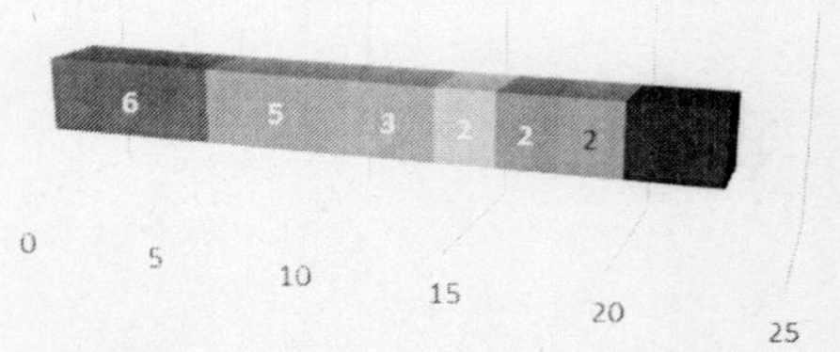

	Número de Menções
Monitorar	6
Apoiar serviços	5
Planejar	3
Diagnósticos	2
Apoiar a gestão	2
Função da Assistência Social	2
Outros	3

Fonte: pesquisa *survey* Vigilância Socioassistencial no TI Portal do Sertão – Bahia 2020/2021

A menção direta ao monitoramento foi a mais frequente, tendo aparecido cinco vezes nas respostas dadas. Julgamos poder acrescentar a esse conjunto a resposta "analisar metas e indicadores", por seu conteúdo muito próximo. Em seguida, as menções concentraram-se na referência aos serviços (também cinco menções), em respostas como "orientar serviços" e "organizar busca ativa". Outro grupo de respostas faz menção a ações de apoio que poderiam ser voltadas tanto à gestão quanto aos serviços: foram três menções ao apoio do planejamento e outras duas de produção de diagnóstico. Duas respostas mencionaram explicitamente o apoio à gestão, e outras duas afirmaram, genericamente, o lugar da Vigilância como uma função da Assistência. Chamou a atenção que duas menções tenham sido feitas à noção de "fiscalizar", o que não condiz com os objetivos da Vigilância, mas pode estar presente como conotação a ser corrigida. Também apareceram menções genéricas, como garantir direitos, analisar a oferta ou simplesmente preencher sistemas de informação, ênfase igualmente merecedora de atenção sobre potencial natureza burocrática atribuída à coleta de dados.

A categorização das respostas supramencionadas no Gráfico 4 aponta a fragilidade de apreensão e mobilização da informação produzida na V.S., apenas reproduzindo as normativas legais e referenciais teóricos ainda tenro, sobre o tema. Entre os municípios analisados, foram identificadas afirmações genéricas, do ponto de vista da concepção da Vigilância. Não foi à toa que as principais menções perpassaram por monitoramento e apoio aos serviços socioassistenciais, pois podem subsidiar o movimento cíclico de manutenção das ações imediatistas (concessão de benefícios eventuais tais como cesta básica, auxílio enxoval, entre outros), pormenorizando evidências sobre tendências de riscos e vulnerabilidades que agravam consequências para a vida social, conforme demanda territorializada. Isso posto, aceita-se a compreensão da influência direta das disputas políticas que intensificam o assistencialismo e incorrem no retardamento da profissionalização do SUAS, ora ocultando e fabricando dados, ora repercutindo intervenções que positivam a imagem institucional do Estado, tendo em vista que o estabelecimento de medidas que potencializem a gestão da informação, especialmente no que tange à oferta e previsão, definem o cerne do conflito entre os operadores dos direitos, usuários da Assistência Social e gestores, uma vez que prevalecem produtos e resultados que elevem o padrão de governança e governabilidade do grupo político dominante.

A V.S. é uma função essencial, devendo ser priorizada na construção de processos de implementação da Política de Assistência Social e que transversaliza a gestão, a determinação de prioridades e o território de atuação. Ela repercute sobre a articulação de intervenções macro e estratégicas, sobre a realidade das demandas, atendimentos e respostas dos serviços, programas e benefícios geridos territorialmente. A V.S. é uma função que gera produtos e processos técnicos e políticos. Portanto, a legitimação desse campo envolve disputas de narrativas e convergências da gestão pública para a constituição de valores e tratativas que direcionam a Política de Assistência Social.

Isso posto, entendemos que ela não implica apenas mais um debate sobre instrumentos tecno-operativos, mas perpassa a articulação entre criação de medidas, estabelecimento de prioridades políticas e incorporação das escolhas da sociedade.

Nessa perspectiva, notória também é a falta de transparência e controle no processo de operacionalização, ações, processos e fluxos da gestão do SUAS para além da manutenção dos sistemas de informações estadual e federal. A V.S. qualifica-se como uma função salutar e interna da política, portanto com determinações específicas para que de fato seja concretizada, por conseguinte, apontando alguns desafios:

a. Qualificação do órgão gestor para compreensão da relevância em priorizar a implantação da V.S;
b. Garantir a gestão do trabalho no SUAS, realização de concurso público para cumprimento da NOB-SUAS/RH e composição de equipe específica e exclusiva da V.S.;
c. Fomentar a educação permanente no SUAS, para que as equipes de referências compreendam a necessária quanti--qualificação das informações produzidas territorialmente repercutindo a realidade fidedigna local;
d. Construção de indicadores sociais fidedignos às especificidades dos territórios em (des)proteção social;

e. Promoção de iniciativas de socialização das informações analisadas, sistematizadas e produzidas pela Vigilância Socioassistencial.

Apreende-se com a pesquisa que a V.S. não está implantada em todos os municípios do TI Portal do Sertão. Verifica-se a necessidade de reforçar a responsabilidade social da gestão municipal para o aprimoramento da política pública, harmonizando os processos de gestão e as dimensões estratégicas do planejamento do SUAS.

Um aspecto importante da implementação da Vigilância diz respeito ao envolvimento de gestores, trabalhadores, conselheiros e usuários do SUAS, aliado à adoção de novas práticas, além da construção de diretrizes que propiciem melhorias reais na aplicação dos fluxos operativos existentes, gerenciamento e direcionamento político das ações. Conforme Arregui (2013, p. 71), "pressupõe um exercício de racionalização e cooperação que envolve também uma necessária padronização dos diversos indicadores sociais", tanto na Política de Assistência Social quanto nas demais políticas públicas e setoriais.

Estruturar a gestão do SUAS para aprimorar e viabilizar a instrumentalização da Vigilância Socioassistencial, repercutindo na equalização entre demandas e oferta, requer investir na concretização de um sistema de informação local, monitoradas periodicamente, a partir do seguinte percurso:

a. Diagnóstico Socioterritorial;
b. Plano de Assistência Social (aqui estudado em âmbito municipal);
c. Plano Plurianual;
d. Planos de Ação;
e. Planejamentos mensais, trimestrais ou semestrais;
f. Relatórios de análise da prática;
g. Estudos;
h. Avaliações – grau de satisfação do usuário/demandatário, trabalhador, conselheiro;

i. Sistemas da Rede SUAS (Ministério da Cidadania) ou SIACOF/SAEPE (Secretaria Estadual de Justiça, Direitos Humanos e Desenvolvimento Social);
j. Boletins informativos, relatórios de informações sociais e de gestão.

O diagnóstico socioterritorial, ao lado do Plano Municipal de Assistência Social (do qual falaremos mais adiante), é o principal produto da Vigilância, materializa a relevância dos dados coletados, tratados e sistematizados. Dos oito municípios de que tivemos informações, apenas quatro realizaram diagnóstico socioterritorial. Esse dado é importante porque, se concebido como ferramenta participativa, ele permite visualizar, discutir e refletir sobre diversas situações da realidade dos sujeitos envolvidos, expressas nas mais variadas manifestações da questão social e contempladas nos serviços, projetos, programas, benefícios socioassistenciais. Pode contribuir também para fortalecimento dos conselhos implantados e adequados às novas legislações, isto é, com a perspectiva de direitos e exercício de cidadania para quem dela precisa, rompendo com a visão assistencialista e de benesse que perdurou por anos a fio.

A NOB SUAS/2012 afirma:

> Art. 20. A realização de diagnóstico socioterritorial, a cada quadriênio, compõe a elaboração dos Planos de Assistência Social em cada esfera de governo.
>
> Parágrafo único. O diagnóstico tem por base o conhecimento da realidade a partir da leitura dos territórios, microterritórios ou outros recortes socioterritoriais que possibilitem identificar as dinâmicas sociais, econômicas, políticas e culturais que os caracterizam, reconhecendo as suas demandas e potencialidades. (NOB SUAS, 2012. p. 25).

Possibilita maior incursão dos processos de planejamento, execução e avaliação da rede de serviços de forma contínua e integrada. Permite, ainda, o aproveitamento dos recursos públicos e comunitários disponíveis, buscando a melhoria permanente dos espaços e equipamentos sociais, favorecendo dessa maneira o funcionamento em rede, com adoção de estratégias que potencializem os programas e serviços já existentes e que agreguem a eles as novas ações, garantindo um conjunto de intervenções integradas.

> Art. 21. A realização de diagnóstico socioterritorial requer:
>
> I – processo contínuo de investigação das situações de risco e vulnerabilidade social presentes nos territórios, acompanhado da interpretação e análise da realidade socioterritorial e das demandas sociais que estão em constante mutação, estabelecendo relações e avaliações de resultados e de impacto das ações planejadas;
>
> II – identificação da rede socioassistencial disponível no território, bem como de outras políticas públicas, com a finalidade de planejar a articulação das ações em resposta às demandas identificadas e a implantação de serviços e equipamentos necessários;
>
> III – reconhecimento da oferta e da demanda por serviços socioassistenciais e definição de territórios prioritários para a atuação da política de Assistência Social.
>
> IV – utilização de dados territorializados disponíveis nos sistemas oficiais de informações. (NOB SUAS, 2012. p. 25).

Trata-se de uma abordagem distinta, porém complementar, em relação ao trabalho social com indivíduos, famílias e comunidades, uma vez que possibilita a construção de estratégias de atuação que sejam capazes de orientar o trabalho futuro. Havendo informações que orientem o planejamento torna-se possível enfatizar o caráter proativo e preventivo de uma política social, atuando de forma a evitar que vulnerabilidades e riscos se agravem gerando violação de direitos. Conforme o Caderno de Orientações Técnicas da Vigilância Socioassistencial,

> [...] a partir da identificação das particularidades do território e do conhecimento das famílias, os profissionais que atuam na Política de Assistência Social podem formular estratégias com vistas à proteção social e a melhoria da qualidade de vida da população. (BRASIL, 2013, p. 25).

É condição *sine qua non* para a elaboração e o desenvolvimento de um diagnóstico socioterritorial a construção de objetivos que norteiem os caminhos e deem condição de conhecimento da realidade, ultrapassando o reconhecimento improvisado das questões e demandas emergentes. Isso pode servir de suporte a uma limitação bem apontada por Jannuzzi, isto é, os sujeitos e atores envolvidos com a produção dessas informações, índices, indicadores sociais, econômicos e demográficos o farão a partir da sua própria visão, sendo passíveis de complementação por meio de diálogos e formas diversas de colaboração com outros atores e instituições.

> Os diagnósticos, por mais abrangentes que sejam, são retratos parciais e enviesados da realidade, espelham aquilo que a visão do mundo e a formação teórica dos técnicos de planejamento permitem ver ou priorizam enxergar. Assim, as soluções visualizadas e as especificações dos programas estão determinadas, a priori, pelas limitações do diagnóstico e, em última instância pelas limitações dos conhecimentos científicos aportados pelas diferentes disciplinas acerca dos fenômenos sociais, fenômenos inerentemente complexos. (JANNUZZI, 2002, p. 8).

Assim, o diagnóstico consiste na descrição interpretativa, na compreensão e na explicação de uma determinada situação problematizada, a partir de aspectos fidedignos ao contexto de inserção da política pública. Parte do processo de planejamento caracteriza-se pela investigação e reflexão, tendo fins operativos e sentido programático. De acordo com Baptista, "consiste na reflexão, na compreensão, na explicação e na expressão de juízos ante os dados da realidade apreendidos, em relação ao seu conjunto e os determinados aspectos especiais" (BAPTISTA, 2002, p. 43).

O diagnóstico, partindo de uma construção coletiva, viabiliza possibilidades, torna perceptível obstáculos, contextos, histórias e os sujeitos envolvidos, desenhando o retrato social da dinâmica real do território. Para além disso, agrega elementos que permitem elencar conectores que facilitem a leitura, interpretação e análise da realidade diagnosticada.

Figura 7 – Vigilância de Riscos e Vulnerabilidades/Vigilância dos padrões de serviços

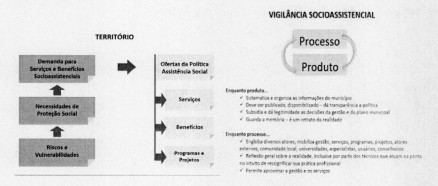

Fonte: orientações técnicas da Vigilância Socioassistencial (MDS, 2016)

Portanto, a realização do diagnóstico socioterritorial e a criação de indicadores sociais são indispensáveis à plenitude das ações da Vigilância Socioassistencial e vice-versa, haja vista que nos últimos 28 anos de implementação da LOAS (1993) e 17 anos de efetivação da PNAS (2004) essa área dispôs de numerosas e profusas informações que retratam as características e o universo da população demandatária, priorizando as situações de vulnerabilidade, as estruturas de gestão, o âmbito de oferta de serviços e benefícios e a destinação dos recursos de cofinanciamento do pacto federativo.

Tendo falado da importância do diagnóstico socioterritorial, importa tratar do Plano Municipal de Assistência Social, cuja elaboração, entre as regras previstas na LOAS, é obrigatória para validar o nível de gestão do SUAS. Buscamos saber se os municípios do TI Portal do Sertão cumpriam essa exigência.

Dos oito municípios respondentes, apenas um não tinha Plano Municipal, o que é um dado positivo (mesmo sem desconsiderar a reduzida amostra). Perguntamos ainda quando havia sido a última atualização do documento e as respostas foram: um município fez sua última atualização em 2015, quatro em 2018 e dois em 2020, ambos em decorrência da necessidade de cumprir o tripé do financiamento da política de Assistência Social, já citado anteriormente: conselho x plano x fundo de Assistência Social.

A confecção dos Planos Municipais de Assistência Social, a partir dos novos parâmetros do SUAS configurados na NOB 2012 — obviamente considerando a autonomia e competência de cada esfera de governo, bem como as relações de cooperação e complementariedade prevista no pacto federativo de (co)financiamento Assistência Social —, exige um esforço local, para superar a ausência ou escassez de recursos sejam eles humanos, estruturais, financeiros e materiais.

Esse dado interessa à nossa discussão pelo fato de que a estrutura do Plano Municipal de Assistência Social comporta em especial dados gerais do município, caracterização da rede de Assistência Social, os objetivos gerais e específicos; as diretrizes e prioridades deliberadas; as ações estratégicas correspondentes para sua implementação; as metas estabelecidas; os recursos materiais, humanos, orçamentários e financeiros disponíveis e necessários; os mecanismos e fontes de financiamento; a cobertura da rede prestadora de serviços; o monitoramento e avaliação e o espaço temporal de execução. Ou seja, é instrumento central da realização da política e extremamente sensível à existência e disponibilidade de informação de qualidade, que é papel da Vigilância Socioassistencial.

Ficou claro que a V.S. é uma ferramenta ainda recente em termos de operacionalização para a Política de Assistência Social, principalmente no cotidiano dos municípios de pequeno porte (maioria no TI Portal do Sertão).

Embora não tenha sido possível avaliar resultados da Vigilância nos municípios em que ela está em funcionamento, pedimos aos respondentes que indicassem quais consideravam ser os maiores desafios da área. Fizemos duas perguntas com esse fim: uma delas mencionando explicitamente os impactos do cumprimento do pacto federativo (Questão 20); e outra, de forma geral (questão 17). Novamente, dada a proximidade das respostas, apresentamos os resultados em conjunto, e as respostas completas podem ser lidas, separadamente, nos anexos 4 e 5.

O desafio mais citado, sendo mencionado quatro vezes, foi a falta de investimento financeiro para implementação adequada da área. Três respostas fizeram referência ao que poderia ser entendido como dificuldades na articulação inter ou intrassetorial dos órgãos gestores, como "Transferência de responsabilidades entre áreas de políticas públicas e de poderes" e "orientação técnica in loco". Houve, ainda, uma menção à falta de clareza sobre a importância da Vigilância, ponto tangenciado na questão acerca dos objetivos e compreensão dessa função. Isso retrata a relevância da abordagem sobre a pactuação de ajustes burocráticos, orçamentários e financeiros nas três esferas de gestão da Assistência Social, para que a V.S. ocupe um lugar hierárquico mais privilegiado, tratando-se de função da política pública e o agravamento do processo histórico de legitimação a partir da implementação da Emenda Constitucional 95.

Todo esse movimento implica um olhar especial das três esferas de governo para a concretização da constituição da Vigilância Socioassistencial. Conforme Caderno Capacita SUAS (2016):

> A Vigilância Socioassistencial ganhou um aliado importante para a implementação da Lei 12435/2011, depois de sua aprovação – o Índice de Gestão Descentralizada do Sistema Único de Assistência Social (IGD-SUAS), que é o instrumento de aferição da qualidade da gestão descentralizada dos serviços, programas, projetos e benefícios socioassistenciais, bem como da articulação intersetorial, no âmbito dos municípios, do distrito federal e

dos estados. Os recursos do IGD-SUAS devem ser utilizados, entre outros fins, para implantação, estruturação organizacional e funcionamento da área de Vigilância Socioassistencial no âmbito da gestão. (CAPACITASUAS, 2016, p. 32).

Destacamos que a Vigilância Socioassistencial é um mecanismo de intervenção territorial, intersetorial e transversal às demais políticas públicas, cujo objetivo central é desvelar o conhecimento de determinada realidade social, política, econômica e cultural. Destarte, gerenciar políticas públicas por meio da elaboração de indicadores sociais e da reconfiguração da gestão social e espacial dos dados permite o aprimoramento qualitativo do ciclo de formulação, implementação e avaliação do Sistema Único de Assistência Social, torna a Vigilância mais do que uma função da Política para interpretação da realidade, amplificando seu potencial de retratação do cotidiano e ultrapassando a descrição de dados quantitativos e estatísticos, contribuindo para a padronização dos serviços conforme as diversidades e especificidades do território. Contudo, se observarmos os Planos Plurianuais dos municípios e dos estados, não há previsão orçamentária e financeira destinadas especificamente para a operacionalização dessa relevante função. Afinal, muitos desafios ainda estão por vir, pois não temos um cenário prospectivo que sinalize a revogação do impositivo novo regime fiscal.

VIGILÂNCIA SOCIOASSISTENCIAL: DESAFIOS PARA A SUA OPERACIONALIDADE NO TERRITÓRIO DE IDENTIDADE PORTAL DO SERTÃO (2016-2019)

Em nosso último passo, detemo-nos com mais detalhamento sobre o período que nos ocupa neste trabalho, uma nova etapa de desmonte das políticas públicas e sociais, iniciada em 2016. Como dissemos, ainda que o Projeto de Emenda Constitucional, PEC 241 (transformada na Emenda 95/2016), seja um marco fundamental, sua gravidade é aumentada se considerarmos que, desde pelo menos os anos 1990, existe uma agenda política mais ampla que insiste sobre a necessidade de cortes no setor público, que faz o elogio da austeridade.

No cenário mundial mais recente, a quebra de diversos e grandes bancos privados em 2008 resultou em crise do sistema econômico mundial, iniciada nos EUA e, na sequência, atingindo os países europeus. Esse cenário serviu de oportunidade para o reforço da valorização da ideia de austeridade e implementação de políticas a seu favor, com a justificativa de garantir estabilidade e reduzir a dívida, na expectativa de recuperar o crescimento. Contudo aconteceu efeito reverso, visto que não houve redução da dívida e o crescimento foi inferior ao planejado. Ficou constatado que a crise no setor bancário privado mais correspondia a um choque de interesses no mercado, camuflado pela midiatização de uma crise de dívida de Estado, embora a conta esteja sendo paga pelo setor público.

Segundo o economista político Mark Blyth, austeridade é:

> [...] uma forma de deflação voluntária em que a economia se ajusta através da redução de salários, preços e despesa pública para restabelecer a competitividade, que (supostamente) se consegue melhor cortando o orçamento do Estado, as dívidas e os déficits. Fazê-lo, acham os seus defensores, inspirará a "confiança empresarial" uma vez que o governo não estará "esvaziando" o mercado de investimento ao sugar todo o capital disponível através da emissão de dívida, nem aumentando a já "demasiada grande" dívida da nação. (BLYTH, 2017, p. 19).

Coadunando com o autor, compreende-se a austeridade como uma questão de ordenamento distributivo político, e não uma questão econômica de contabilidade. Nesse caso, trata-se de uma ideia perigosa porque desconsidera os efeitos sociais. As notícias de oscilação do mercado tendem a definir as tomadas de decisão políticas no sentido da redução de investimentos públicos, ou seja, desaceleram a economia ao desequilibrar o balanço da responsabilidade fiscal e responsabilidade social do Estado.

No Brasil, a multifacetada manifestação da desigualdade social — maior concentração de riqueza e ampliação da desigualdade de renda, de acesso e na qualidade de serviços sociais básicos — torna cada vez mais explícito o abismo entre indicadores de desenvolvimento econômico-social. Em termos gerais, no cenário atual de implementação do novo-velho pacto sociopolítico, a EC 95/2016 preserva dinâmicas excludentes dos mercados, cujos aspectos são historicamente produzidos, incluindo cortes em políticas em prol da igualdade entre classe, gênero, raça e regiões.

Segundo Dweck e Teixeira (2018, p. 324):

> A desaprovação das mudanças políticas decorrentes do pleno emprego, que aumentaram o poder de barganha dos trabalhadores, levou ao discurso do "desperdício de gastos", com o claro objetivo de recompor a função social da doutrina das "finanças públicas sólidas".

É verdade que a primeira década do século 21 trouxe avanços significativos como aumento dos vínculos formais de trabalho, melhorias nas condições salariais, maior acesso dos trabalhadores à previdência e benefício do seguro-desemprego, maior beneficiamento da população vulnerável com o Benefício de Prestação Continuada e Programa Bolsa Família. Também a CF 1988 adotou políticas sociais com caráter universal, com o intuito de reduzir o contingente de indivíduos e famílias vulneráveis. Ainda assim, também é real que o receituário proposto para o enfrentamento da crise cíclica de origem econômica, política e social que abalou o país e o mundo foi a implementação da política de austeridade fiscal. Isso limitou os efeitos das conquistas obtidas com as políticas públicas e retardou, por conseguinte, a retomada do desenvolvimento social e econômico, com prejuízos irreparáveis nas perspectivas presentes e futuros da sociedade brasileira.

Além disso, instrumentos de política fiscal, tais como a Desvinculação de Recursos da União (DRU) e as renúncias tributárias implementadas a partir do ajuste fiscal do orçamento da Seguridade Social, resultam consequentemente na apropriação de valores significativos para a execução da política de pagamento da dívida externa.

Isso ocorre porque o regime fiscal inviabiliza a vinculação de recursos para as políticas sociais (se implementada em consonância com a CF 1988) e congela os gastos sociais (conhecidos como despesas primárias do governo) por 20 anos, valendo-se apenas da correção pela inflação. Contudo garante exceção exclusivamente para as despesas financeiras ligadas ao pagamento da dívida externa.

Conforme Theodoro (2016, p. 1),

> A EC n. 95 enfatiza o ajuste na redução dos gastos correntes, com consequências relevantes sobre as políticas sociais e a própria capacidade do Estado em regular e implementar programas e ações em prol do desenvolvimento, sendo que o pagamento de juros da dívida pública não ficará restrito a nenhum teto orçamentário.

Dialogando com Blyth (2017, p. 25), os efeitos dessa política fiscal são percebidos diferentemente: "[...] aqueles que estão na base da distribuição de renda perdem mais do que os que estão no topo, [...] em uma democracia, a sustentabilidade política supera a necessidade econômica o tempo todo". Trocando em miúdos, observa-se que o impacto primordial das medidas austeras implementadas, alinhadas ao conjunto de políticas de caráter recessivo e declínio do PIB, foi o desemprego.

A recomposição do neoliberalismo mundial, no momento em que o Estado deixa de ser Estado do bem-estar social, cuja função deve ser de regulação dos insumos necessários ao desenvolvimento econômico, tem muitos efeitos, entre os quais podemos citar: a criação e manutenção de um contingente de desempregados como reserva de força de trabalho; a concentração dos tributos sobre o trabalhador e mercadoria, deixando de tributar o capital; congelamento dos gastos públicos, prioritariamente em se tratando de políticas sociais e afastamento do poder público quanto ao controle do fluxo de capitais.

As reflexões propostas no cerne do problema desta pesquisa passam pela lógica neoliberal e ultraconservadora, que reduz a participação do Estado no desenvolvimento econômico e social e transfere para o mercado a responsabilidade fornecer bens sociais, ou seja, mercadoriza direitos sociais constitucionalmente instituídos: saúde, educação, previdência e Assistência Social.

Em outras palavras, a repercussão da política fiscal apresenta-se nos municípios da seguinte forma: as políticas governamentais caracterizam-se por escolhas ou priorização de intervenções que exigem grandes sacrifícios da população, seja porque aumentam a carga tributária, seja pela implementação de medidas que restringem a oferta de benefícios, bens e serviços públicos em razão de cortes de despesas e/ou da realização de reformas estruturais

Assim, torna-se claro que "o novo ajuste fiscal" absorve a estratégia de remodelar a sociedade brasileira a partir de princípios antidemocráticos, sabotando a CF 88 ao dissolver programas redistributivos, omitindo dados e indicadores sociais e econômicos que representam verdadeiramente a realidade brasileira e agravando a própria crise a curto e médio prazo.

Como afirmam Dweck, Oliveira e Rossi:

> Na Assistência Social, serão desmontados, além de toda a rede de CRAS e CREAS, o Programa Bolsa Família e o Benefício de Prestação Continuada (BPC), que beneficiam 14 milhões e mais de 4,5 milhões de famílias, respectivamente. O BPC hoje garante benefício mensal de um salário mínimo aos idosos (65 anos ou mais) e pessoas com deficiência com renda familiar per capita inferior a 1/4 de salário mínimo. Ao lado das aposentadorias e pensões, o Programa Bolsa Família e o BPC conseguiram com que a pobreza e a indigência entre esta população se tornassem fenômenos quase residuais. Pesquisa realizada entre os beneficiários demonstrou que o BPC, em média, representou 79% do orçamento das famílias e, em 47% dos casos, ele foi a única fonte de renda do domicílio em 2015. (BRASIL, 2015 *apud* DWECK, OLIVEIRA; ROSSI, 2018, p. 29).

Portanto, a diminuição de gastos sociais "como sacrifício necessário" implicou na revisão das normativas legais sobre a lógica e compromisso do gasto em Assistência Social entre os entes federados e, por consequência, pode ter acarretado em vultosas variações do aporte orçamentário repercutindo especialmente nos municípios de pequeno porte, em nosso caso, maioria no TI Portal do Sertão.

Ressignifica, por efeito dominó, o custeio dos equipamentos CRAS e CREAS, no âmbito estadual e municipal, extremamente relevantes ao combate das desigualdades, pobreza e extrema pobreza. Para o que nos ocupa aqui, afeta a produção de dados que designam estrategicamente o destino dos recursos e investimentos sociais como resposta às demandas territorializadas. Isto é, essa lógica também onera o processo de concepção e operacionalização da Vigilância Socioassistencial, uma vez que é financiado por recursos de incrementos de gestão, conforme discutimos a seguir.

3.1 A lógica do financiamento do SUAS e os impactos sobre a Vigilância Socioassistencial

Para ficar claro como as transformações na política fiscal afetam a política social e, mais especificamente, a operacionalização da Vigilância Socioassistencial nos municípios estudados, vale fazer breve explicação acerca de como se estrutura o financiamento do SUAS.

Retomando o conceito constitucional sobre "o conjunto de ações integradas envolvendo esforços dos poderes públicos e da sociedade", que define a seguridade social no Brasil, o art. 195 da CF/88 estabelece que este tripé (Saúde, Previdência e Assistência Social) será financiado pela sociedade, direta ou indiretamente, com recursos orçamentários e financeiros da União, dos estados, dos municípios, do Distrito Federal, de contribuições sociais e outras fontes.

Diferentemente das políticas de Saúde e Educação, a Assistência Social não possui um mínimo percentual de destinação obrigatória da arrecadação pactuada em cada esfera de governo. Na maioria dos entes federados, o cofinanciamento federal do SUAS ainda é pouco representativo se comparado ao total de recursos próprios investidos na função contábil "Assistência Social". Nos municípios de pequeno porte, os repasses na modalidade fundo a fundo para os blocos cofinanciados no âmbito do SUAS pelo Fundo Nacional de Assistência Social são bem mais relevantes, haja vista que na maioria dos casos financia totalmente a execução dessa política pública. Essa modalidade consiste no repasse direto de recursos do Fundo Nacional de Assistência Social, constituído na esfera federal, para fundos das esferas estadual, municipal e do DF, dispensando a celebração de convênios.

Já mencionamos o artigo 30 da LOAS, segundo o qual a efetividade do pacto federativo depende da criação e manutenção, pelos municípios, de Conselho, Plano e Fundo Municipais de Assistência Social.

A determinação da formalização do pacto federativo resultou na configuração de uma gestão compartilhada do sistema descentralizado, no cofinanciamento do SUAS sob a lógica das transferências intragovernamentais, por meio de repasses automáticos e regulares na modalidade fundo-a-fundo para contas específicas por piso/bloco de financiamento — possibilita maior flexibilidade na utilização dos recursos e facilita a gestão financeira, uma vez que direciona a execução para manutenção integral do serviço ou programa cofinanciado, superando a percepção per capita que imperava tempos atrás. Ampliando as perspectivas de financiamento, apresenta critérios equitativos, pois a concepção do bloco de financiamento pode resultar na profissionalização do SUAS, a princípio pelos serviços observando os níveis de proteção e complexidade da política pública e em seguida pela operacionalização da Vigilância Socioassistencial para verdadeiramente afiançar um padrão elevado e territorializado de segurança socioprotetiva à população vulnerável.

Mesmo com a implantação do novo mecanismo de repasse por bloco de financiamento conforme proposto pela PNAS, rompendo com o modelo anterior centralizador e focalizado no público atendido para o serviço continuado estruturado no território, e, tendo como objetivo quebrar paradigmas históricos como a pouca previsão de recursos orçados, percebe-se o retrocesso e descontinuidade da oferta socioassistencial, com a implementação da EC 95, visto que a política não é prioridade da agenda neoliberal.

Passados 17 anos da regulamentação da PNAS, permanece na agenda de disputa desde a V Conferência Nacional de Assistência Social (2005), especialmente nas conferências deliberativas e avaliativas no âmbito do controle social, a pauta da fixação percentual de destinação orçamentária e vinculação constitucional do mínimo de 5% do orçamento da Seguridade Social à Assistência Social, sob pena de responsabilidade fiscal. Sendo o cumprimento indicado para o Distrito Federal e municípios, também investindo 5% dos recursos arrecadados de seus orçamentos para a área.

De acordo com Jaccoud, Bichir e Mesquita (2017), a política de Assistência Social tem se mostrado historicamente a área de menor investimento de recursos da Seguridade Social, mesmo com a inserção de novos benefícios e padronização de serviços, programas e projetos com ações direcionadas ao enfrentamento de diversos níveis de privação, risco e vulnerabilidade.

Considerando que a escassez de recursos financeiros no âmbito dessa política pública, para custeio de equipamentos, contratação de pessoa física ou jurídica, é, na maioria das vezes, o principal empecilho para priorizar a V.S., foi criado o Índice de Gestão Descentralizada do Sistema Único de Assistência Social (IGDSUAS), pela Lei Federal n.º 12.435/2011.

Ele se constitui como instrumento de aferição de qualidade da gestão descentralizada dos serviços, programas, projetos e benefícios socioassistenciais, bem como da articulação intersetorial no âmbito dos municípios, DF e estados. A partir dessa avaliação, o ministério realiza o repasse financeiro visando incentivar estratégias de coordenação, monitoramento e avaliação, consumando uma reivindicação histórica dos diversos atores que viabilizam o aprimoramento do SUAS.

O caderno de orientações sobre o Índice de Gestão Descentralizada do Sistema Único de Assistência Social (2012, p. 30-31) descreve como esses recursos podem ser utilizados:

> Os recursos do IGDSUAS devem ser utilizados, dentre outros fins, para a implantação, estruturação organizacional e funcionamento das áreas de Vigilância Socioassistencial no âmbito da Gestão. Abaixo seguem alguns exemplos concretos de itens com os quais podem ser gastos os recursos do IGDSUAS.
>
> • Aquisição de softwares, especialmente aqueles destinados ao processamento de dados, tais como programas para análise estatística e georreferenciamento;

- Contratação temporária de Pessoas Físicas ou Jurídicas para o desenvolvimento de sistemas de informação pertinentes à Vigilância Socioassistencial e monitoramento;

- Contratação temporária de estatísticos e sociólogos para atuarem como consultores na implantação da vigilância socioassistencial;

- Contratação temporária de Pessoas Físicas ou Jurídicas para mapear ocorrências de situações de vulnerabilidade e risco, bem como potencialidades presentes no território;

- Contratação temporária de Pessoas Físicas ou Jurídicas para realizar estudos voltados à definição e descrição de fluxos e processos de gestão pertinentes ao registro e armazenamento de informações, notificação de situações de violência e violações de direitos, referência e contrarreferência no âmbito do SUAS, encaminhamento intersetorial (entre o SUAS e as demais políticas públicas), realização da busca ativa, dentre outros;

- Contratação temporária de Pessoas Físicas ou Jurídicas para desenvolvimento de demais estudos, diagnósticos e pesquisas de interesse da Vigilância Socioassistencial.

Assim, com o intuito de apoiar financeiramente os processos de gestão e prestação de serviços, programas, projetos e benefícios socioassistenciais no nível local, esse recurso tornou-se um grande alento para a implantação da V.S. nos municípios, porque permite maior capacidade de alocação e investimento específico, abrangendo também a gestão do trabalho e controle social no âmbito do SUAS.

No TI Portal do Sertão, temos 100% dos municípios com o FMAS estruturado e formalizado como unidades orçamentárias, sendo os gestores das políticas os ordenadores das despesas — a operacionalização dos recursos possibilitou a concentração dos objetivos preconizados pela PNAS passando a contar, "ou deveria", com o repasse regular automático mensal; simplificação dos processos de trabalho; aprimoramento do exercício do controle social, educação permanente e qualificação das comprovações de gastos e prestações de contas; e avaliação dos serviços e ações.

Para entendermos o enfrentamento do desmonte do orçamento do SUAS nesse contexto de ajustes fiscais e congelamento do gasto público, apresentaremos uma tabela que elucidará a evolução do financiamento da União para os municípios do TI Portal do Sertão, especialmente de pequeno porte, em se tratando de incrementos para a gestão, especialmente no que tange à operacionalidade da Vigilância Socioassistencial.

Quadro 5 – Aporte de recursos anuais do IGDSUAS no período de 2016 a 2020 – municípios baianos componentes do Território de Identidade Portal do Sertão

MUNICIPIO	PORTE	2016	2017	2018	2019	2020
Agua Fria	Pequeno I	R$16.656,70	R$22.665,90	R$21.557,37	R$17.559,63	R$0,00
Amélia Rodrigues	Pequeno II	R$21.894,88	R$28.110,66	R$34.857,90	R$7.329,78	R$0,00
Anguera	Pequeno I	R$12.772,10	R$4.651,50	R$2.721,92	R$2.041,44	R$0,00
Antônio Cardoso	Pequeno I	R$7.925,67	R$14.275,87	R$16.885,92	R$6.981,36	R$0,00
Coração de Maria	Pequeno II	R$30.245,32	R$32.934,59	R$31.453,68	R$16.253,10	R$0,00
Conceição de Feira	Pequeno II	R$18.410,92	R$24.499,52	R$36.514,68	R$9.884,58	R$0,00
Conceição do Jacuípe	Pequeno II	R$7.863,66	R$21.617,26	R$12.378,24	R$12.378,24	R$0,00
Feira de Santana	Metrópole	R$274.158,19	R$335.371,07	R$227.121,78	R$108.755,52	R$0,00
Ipecaetá	Pequeno I	R$8.880,28	R$29.289,60	R$,00	R$3.277,31	R$0,00
Irará	Pequeno II	R$26.111,58	R$43.700,34	R$28.946,06	R$23.319,70	R$0,00
Santa Barbara	Pequeno II	R$19.621,64	R$43.547,19	R$26.463,94	R$13.308,05	R$0,00

Santanópolis	Pequeno I	R$9.741,84	R$10.439,77	R$17.685,12	R$3.000,00	R$0,00
Santo Estevão	Médio	R$24.622,78	R$64.340,67	R$84.561,78	R$13.764,00	R$0,00
São Gonçalo dos Campos	Pequeno II	R$21.408,48	R$26.974,35	R$29.960,07	R$11.285,52	R$0,00
Tanquinho	Pequeno I	R$9.592,44	R$15.637,26	R$9.369,60	R$7.437,84	R$0,00
Teodoro Sampaio	Pequeno I	R$11.537,49	R$15.000,00	R$3.000,00	R$803,19	R$0,00
Terra Nova	Pequeno I	R$10.930,67	R$14.270,31	R$6.774,67	R$12.462,84	R$0,00

Fonte: a autora, a partir do Relatório Financeiro/Parcelas Pagas/SUASWEB/ Rede SUAS – Ministério da Cidadania

A partir de uma análise comparativa do Quadro 5, percebe-se que o melhor cenário financeiro do IGD-SUAS ocorre no exercício 2017, em decorrência de expansão de serviços, repasse de valores de exercícios anteriores.

Os potenciais diminutos de provimentos do crescimento econômico com repercussão nos gastos da área social estão refletidos, conforme afirmam Rossi e Dweck (2016, p. 4), mais "num projeto de redução do tamanho do Estado, do que um plano de estabilização de longo prazo". Essa premissa nos remete ao impacto demonstrado na tabela acima, já que o regramento legal direciona a transferência aos estados, municípios e ao Distrito Federal dos recursos do Índice de Gestão Descentralizada do SUAS – IGD-SUAS.

A progressiva supressão de recursos ordinários que historicamente eram ampliados a cada exercício para manter a rede socioassistencial instalada e funcionando consonante a tipificação nacional dos serviços constitui o paulatino desfinanciamento inconstitucional das provisões de seguranças socioassistenciais continuadas.

Quadro 6 – Cofinanciamento SUAS – FNAS 2016 a 2019

EXERCÍCIO	2016	2017	2018	2019
COFINANCIAMENTO	R$86.890.952,96	R$93.803.540,16	R$60.360.167,39	R$44.798.152,85

Fonte: Câmara Técnica do FONSEAS 2021

Com a vigência da Emenda Constitucional n.º 95/2016, compromete-se ainda mais a capacidade do Estado de responder efetivamente às demandas institucionais e necessidades sociais, impedindo-o, inclusive, de cumprir o papel constitucional máximo de provedor de proteção social não contributiva. É o que representa a Quadro 6, revelando uma queda de financiamento de aproximadamente 48% se comparados os exercícios de 2017 e 2019.

Finalmente, a responsabilidade protetiva dos municípios depende do aporte de recursos das três esferas, conforme pactuado na Comissão Intergestora Tripartite[9]. Isso posto, o alinhamento da previsibilidade orçamentária a um planejamento estratégico, legitimado por uma direção política que dialogue com todos os setores e atores do sistema de proteção social e defesa de direitos, ressoará na qualificação do uso dos recursos públicos, no pleno desenvolvimento econômico e social com a equidade pregada pela Constituição Federal de 1988.

Enfim, para além da utilização dos recursos repassados conforme a necessidade da gestão local, o principal fator é a vontade política que baliza a compreensão da relevância da V.S. para plena efetivação do Sistema Único de Assistência Social.

3.2. Desafios para operacionalidade da V.S. no TI Portal do Sertão

Os municípios, especialmente na configuração estudada no TI Portal do Sertão, apresentaram uma série de desafios para manutenção do funcionamento dos equipamentos de proteção social básica e especial de média e alta complexidade, uma vez que a receita insuficiente onerou despesas com a manutenção das ofertas, recursos humanos insuficientes, ausência de concurso público e formação continuada, fragilidade da Vigilância Socioassistencial, quebra de vínculos entre os usuários e a rede socioassistencial e,

---

[9] Instância de pactuação da operacionalização do SUAS, bem como de articulação e expressão das demandas dos gestores federais, estaduais e municipais.

principalmente, aumento de desproteções, violência e violação de direitos sociais e institucionais.

Para termos uma ideia, tomemos o ano de 2021: o Conselho Nacional de Assistência Social aprovou a proposta orçamentária do Fundo Nacional de Assistência Social para a execução dos serviços e ações socioassistenciais, no valor de R$2.669.952.606 (2,6 bi). Contudo, segundo o FONSEAS[10], o Projeto de Lei Orçamentária da União (PLOA 2021) apresentou uma redução nas despesas discricionárias de 59,34%, sobrecarregando, consequentemente, os orçamentos municipal e estadual, uma vez que a União descontinuou sua participação efetiva no cofinanciamento das ofertas previamente pactuadas.

Gráfico 5 – Redução Orçamentária do SUAS – EC95/2016

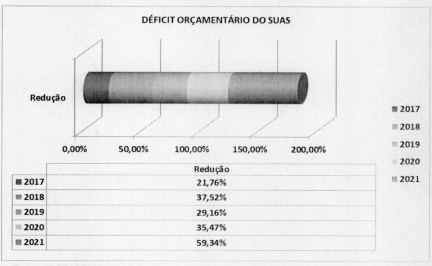

Fonte: FONSEAS, 2021

Isso posto, a supressão orçamentária desses recursos, a partir do exercício 2017, anuncia perspectivas pouco animadoras, dado que a estagnação premente assinada pelo novo regime fiscal aponta

---
[10] Fórum Nacional de Secretários de Estado da Assistência Social. Disponível em: http://fonseas.org.br/pesquisa-sobre-orcamento-e-gestao-financeira-do-suas/. Acesso em: 13 jun. 2021.

tendências de descontinuidade e retrocesso na oferta socioassistencial, justamente em momento de agravamento inconteste da desigualdade, em especial nos municípios de pequeno porte. Desponta a implementação de uma nova configuração minimalista e de desresponsabilização do Estado, descontinuando os serviços socioassistenciais e evoluindo programas que, consonante ao art. 24 da LOAS, "compreendem ações integradas e complementares com objetivos, tempo e área de abrangência definidos para qualificar, incentivar e melhorar os benefícios e os serviços assistenciais". Isso expõe a política a estratégias governamentais partidarizadas, reforçando, segundo Jaccoud (2017, p. 51), "argumentos meritocráticos e perspectivas morais em torno da pobreza e da desigualdade". A ocultação de indicadores que apontam aumento da pobreza, das vulnerabilidades e riscos sociais, do desemprego estrutural e da reinserção do Brasil no Mapa da Fome também é consequência grave e se soma a outros ataques à produção de dados e informações no país, a exemplo da suspensão da realização do Censo, coordenado pelo Instituto Brasileiro de Geografia e Estatística, ou desmonte de órgãos responsáveis por dados ambientais, de saúde e, como não, da Assistência Social, obtidos pela função Vigilância Socioassistencial.

A partir do panorama em tela, cabe retomar a pergunta: o congelamento dos gastos públicos por 20 anos aprofunda a fragilidade da concepção da Vigilância Socioassistencial como função da Política de Assistência Social, nos municípios do Território Baiano de Identidade Portal do Sertão no período 2016-2019?

Certamente que sim. Blyth nos ajuda a compreender a atual visão da gestão federal sobre a implementação da "austeridade, como política de cortar o orçamento do Estado, suposta cura para promover o crescimento" (2017, p. 19). Com os dados levantados neste estudo, apura-se a necessidade de aprimorar o processo investigativo ampliando-o para os impactos na operacionalização do Sistema Único de Assistência Social, considerando que a V.S., para além da sua funcionalidade técnica, poderá refletir intencionalidades, compreensões, interpretações dos atores envolvidos, legitimando ou não governos, ganhos políticos, interesses de particulares e da própria gestão da Assistência Social local.

As restrições orçamentárias (im)postas pelo teto de gastos públicos comprometem o fluxo operacional da Vigilância Socioassistencial em nível nacional, com impactos irreversíveis para a maioria dos municípios com perfil semelhante aos do Território Baiano de Identidade Portal do Sertão, minando a confiabilidade dos dados produzidos para efetividade da Assistência Social e transparência na execução dos seus recursos.

Ainda que se saiba que o SUAS é uma construção recente, as configurações das próximas duas décadas — pensando a partir dos 20 anos de supressão de gastos sociais (2016-2036) — projetam um caminho de ampliação das taxas de pobreza e extrema pobreza determinadas pela oscilação das taxas de remuneração asseguradas pelo mercado de trabalho e ausência de respostas estatais eficientes. As medidas necessárias a seu enfrentamento não devem dispensar a oferta de serviços socioassistenciais. Sua característica capilaridade socioterritorial e demográfica, apoiada pelo georreferenciamento dos dados do contexto (especificidades, limitações, situações de vulnerabilidades temporárias, risco social e/ou violação de direitos), potencializa a possibilidade de alcance dessas populações, o que reforça a relevância da plena implementação das ações da função Vigilância Socioassistencial, sobretudo a partir da socialização e publicização dos produtos resultantes do trabalho desenvolvido com alcance de todos os atores do Sistema Único de Assistência Social, quais sejam: gestores, trabalhadores, conselheiros, usuários e demais componentes da rede socioassistencial.

Verifica-se que a descontinuidade do cofinanciamento federal destinado ao aprimoramento da gestão do SUAS gera impacto na operacionalização da V.S., especialmente nos municípios de pequeno porte — a exemplo do TI Portal do Sertão. O mesmo vale para o corte do orçamento da Assistência Social, como previsão de retirada de até R$ 868 bilhões em duas décadas, retrocedendo os gastos sociais a patamares inferiores ao exercício 2006.

As evidências cotidianas comprovam como os dados sociais fluem taticamente da gestão, dos serviços, do controle social pelos usuários do SUAS e pelo território. Se tratados técnica e cientificamente podem resultar numa monumental resposta às adversidades impostas pelo não cumprimento do pacto federativo, especialmente pelo estado e pela União, bem como pelas variadas manifestações da desigualdade social que se intensifica a cada ano com o novo regime fiscal imposto ciclicamente pela agenda ultra neoliberal.

Fato é que a urgência de disputar a narrativa de recomposição do orçamento ordinário da seguridade social e por conseguinte da Assistência Social, para fins de manutenção da integralidade da oferta combatendo a falsa imagem de salvação atribuída "a suposta virtude da austeridade", apresenta rebatimentos diretos na exigência ultraneoliberal de reformas estruturais em que pese a responsabilização do Estado brasileiro, concentrando riqueza, renda e poder nas mãos do "Grande Capital".

O maior desafio nesse tempo é viabilizar a construção de um novo pacto social, com estratégias e tecnologias de inclusão e partilha financeira equânime a partir de um processo de construção de pensamento contra hegemônico viável, reverberando num projeto de nação para curto e médio prazo, mesmo com todas as possibilidades e limitações do processo de governança, governabilidade e direcionamento político por trás dos investimentos na Política de Assistência Social.

Enfim, na diversidade de ações do cotidiano da prática profissional, que já perdura 13 anos, a atuação em plantões de atendimentos, grupos socioeducativos e intergeracionais, processos de supervisão, coordenação, gestão, planejamento e avaliação de políticas públicas, assessorias/consultorias, das mais simples às intervenções mais complexas, chego à conclusão de que embutimos determinada direção social entrelaçada por uma valoração ético-política específica. Tendo consciência ou não, interpretando ou não, dirigimos nossas ações favorecendo interesses sociais distintos e contraditórios. Do "chão" da Assistência Social, neste estudo representado pela mais importante função desta política pública — a Vigilância Socioassistencial —, preconiza o marco regulatório do funcionamento do sistema lincados a valores que direcionam a descentralização político-administrativa do Estado e a solidificação da estrutura orçamentária, financeira, o exercício da proteção e defesa social da população que dele necessitar.

Um processo contínuo de amadurecimento, consolidação e de fortalecimento dos vínculos com os sujeitos e seus locais/territórios de abrangência e vivências a partir de intencionalidades e materializações do campo mediativo de disputas, haja vista o cenário de pragmatismo das gestões que fomentam projetos de sociedade que retroagem e movimentam a negação da responsabilidade social do Estado.

Dessa feita, ficam evidenciados pontos relevantes na análise participantes desta pesquisa, para que exista a contínua qualificação e refinamento dos trabalhos sociais da Assistência Social resultando na sua profissionalização, sendo necessário maior investimento em contratação de recursos humanos, suprimentos materiais, físicos e tecnológicos para a execução dos trabalhos, que possam garantir a qualidade do produto viabilizado pela plena operacionalização da Vigilância Socioassistencial.

CONSIDERAÇÕES FINAIS

A presente obra centrou suas atenções nos desafios impostos ao processo de concepção e operacionalidade da Vigilância Socioassistencial nos municípios componentes do Território de Identidade Baiano Portal do Sertão, no período de 2016-2019, a partir dos efeitos da PEC 241, hoje materializada na Emenda Constitucional 95/2016. Tendo em conta as observações e as inquietações adquiridas a partir da experiência profissional consolidada ao longo de 13 anos, em execução de serviços, gestão, consultoria e assessoria no âmbito da Política de Assistência Social e somadas a leituras sobre o tema — mesmo percebendo a limitação de referências e pesquisas sobre a V.S. — indagamos quais os efeitos da implementação da política fiscal, que limita os gastos públicos no Brasil, sobre a função da PNAS.

Buscou-se destacar a relevância da Vigilância Socioassistencial, cujo desafio consiste na transformação das informações produzidas em pautas de gestão, para os trabalhadores e usuários, Estado e sociedade em geral. Ela ganha sentido na condução da política, na tomada de decisões e reconduções de ações que qualifiquem sua operacionalização como ferramenta essencial para o planejamento orçamentário e financeiro da Assistência Social em âmbito municipal.

O contexto da pesquisa aponta mais uma reflexão digna de posterior aprofundamento em relação ao SUAS, considerando a complexidade do verdadeiro papel do Estado e da administração pública no que concerne ao direito constitucional à proteção social. Foi constatada a necessidade de reflexão sobre as fragilidades e limitações da mensuração de oferta/demanda socioassistencial, promovidas pelas mudanças de orientação política de governos, especialmente de corte neoliberal e neoconservador, em relação à legitimidade da Assistência Social enquanto política de Estado no período de 2016 aos dias atuais, reforçando a subpriorização desta pauta constitucional. Perceptível também é a falta de estratégias de regulação e vigilância cumprindo o papel preventivo e visando à incidência de riscos favorecendo a retomada de práticas imediatistas e essencialmente assistencialistas e agravando o quadro de desproteções sociais no território de identidade estudado.

Considerando o conjunto amplo de demandas e a conjuntura da concepção da V.S. no TI Portal do Sertão, taticamente, é imprescindível materializar um conjunto de ações estratégicas e de controle para avaliar, direcionar e monitorar a condução das políticas públicas, em especial a Assistência Social, para prestação de serviços de interesses e prioridades tornando viável sua governança.

Não obstante, a V.S. ainda se encontra num processo de disputa interna, ou seja, claramente há necessidade de afirmar e reafirmar a sua relevância para o planejamento estratégico no âmbito do órgão gestor da política pública e da organização política-administrativa da gestão municipal, no que tange à responsabilidade estatal em assegurar fidedignamente a produção de informações qualificadas e regimentadas pelas especificidades de cada território local e global, abrangendo o risco da população, bem como as potencialidades e fragilidades históricas, políticas, culturais, econômicas e sociais.

Vale abrir uma janela para refletirmos sobre os impactos da defasagem de dados em função de 11 anos sem a realização de recenseamento brasileiro. O Brasil tem instituições de produção de dados nacionais antigas. Mesmo antes do IBGE, criado em 1938, havia iniciativas de contabilizar a população e ministérios com departamentos de produção de dados, a exemplo do Conselho Brasileiro de Geografia (1932) e Instituto Nacional de Estatísticas (1934), expressando a significativa consistência de dados e informações sobre as riquezas nacionais, a população, a estrutura das atividades sociais, culturais e econômicas, além de garantir subsídios para elaboração de políticas públicas (DRAIBE, 2004).

A ausência desses dados configuram também a defasagem dos repasses do Fundo de Participação dos Municípios (FPM) e outras transferências da União para estados e municípios, incluindo o repasse dos recursos da Assistência Social constitucionalmente garantidos, mas não obrigatórios e congelados pela EC 95/2016.

Repercute ainda na caracterização do porte municipal por número de habitantes e a determinação de público-alvo de todas as políticas públicas e sociais, uma vez que afeta projeções populacionais, territoriais e demais conteúdos pertinentes à construção das macroinformações utilizadas pela V.S.

O avanço no campo da V.S. foi diferente quando comparadas diferentes áreas setoriais. No caso da Assistência (tendo sido ela própria tardiamente reconhecida como política pública de responsabilidade estatal), os esforços são bem recentes.

A V.S. passa a ser impulsionadora da efetivação do SUAS ao profissionalizar o processo de coleta, análise, sistematização e produção de dados sobre os riscos, vulnerabilidades e potencialidades existentes no território. Por conseguinte, impulsionadora também ao socializar informações de interesse da sociedade (acesso aos direitos socioassistenciais e seguranças afiançadas pelo SUAS), fortalecendo o exercício de fiscalização e estabelecimento de normas que orientem a implementação da Assistência Social em âmbito local.

Por outro lado, compreendida como ferramenta operacional estratégica, serve ao Estado, para mensuração de indicadores e garantia de implantação de políticas públicas e sociais dialogadas. Explicita as condições sociais existentes no território e direcionando a política, se houver prioridade no desenvolvimento social na plataforma de governança.

A Vigilância foi pensada para suprir a ausência de informações na orientação da política de Assistência. Ela encontra dificuldades diversas:

- Dificuldades histórico-culturais: passado filantrópico atrapalhando a tomada da Assistência como política pública que necessita de dados como outras;
- Dificuldades políticas: manter a Assistência nesse "passado" facilita apropriações indevidas, troca de favores, clientelismo. Além disso, informações produzidas escancaram falhas, fortalecem as reivindicações por mais investimento.

Uma vez implementada: além dessas duas, apresentam-se as dificuldades materiais (falta de infraestrutura), dificuldades financeiras (ausência de aporte de recursos específicos e regulares pelas três esferas de governo) e de recursos humanos (formação técnica no trabalho com dados e formação acerca da função vigilância, vista como "repassadora de dados").

Pensando no recorte do nosso estudo, TI Portal do Sertão constata-se que não há um processo coletivo de construção intersetorial ou socioassistencial de fluxos operativos da Vigilância Socioassistencial, e, considerando a predominância de existência de municípios de pequeno porte I e II e em nível de gestão básica do SUAS, percebe-se a necessidade de efetiva formalização da função, consolidação de ferramentas técnicos-administrativas e metodologias que materializem a padronização de instrumentais e dos serviços da rede municipal, de maneira que dialoguem com o banco de dados estadual e federal.

O percurso da pesquisa deu-se numa conjuntura mundial atípica: o cenário pandêmico decorrente do Covid-19. Mesmo cenário que qualificou a política pública de Assistência Social como atividade essencial, mas que não direcionou prioridade da ações de segurança sanitária, educação permanente para intervenção em situação de calamidade e emergência pública e imunização dos trabalhadores e trabalhadoras do SUAS. Potencializou o subfinanciamento dos serviços, programas e benefícios socioassistencial, especialmente de origem continuada e permanente de prevenção às vulnerabilidades e proteção social, causando o fechamento de várias unidades de CRAS e CREAS no território brasileiro. Implementou programas emergenciais e imediatistas como viés de retomada da minimização das responsabilidades e funções do Estado no campo da proteção social, modificando regras de acesso a políticas de transferência direta de renda ao cidadão, a exemplo do BPC e atualmente Bolsa Família, em consonância com o modelo de governabilidade ultra neoliberal em curso desde 2016.

Esse contexto implica diretamente no maior desafio da V.S., aqui refletido no TI Portal do Sertão: conseguir organizar a imensidão de dados produzidos, a partir das especificidades territoriais, para verdadeiramente qualificar a gestão de riscos, vulnerabilidades e das respostas (oferta) à intensificação das desigualdades sociais (demanda), considerando a necessária superação do entendimento da Vigilância como "mera repassadora de dados".

    A constante provocação reflexiva sobre a concepção dessa função nos remete à sua relevância para a operacionalização dos dados produzidos, linkados à vida concreta das pessoas demandatárias e dos equipamentos socioassistenciais territorializados, cujo resultado é o retrato fidedigno da realidade, qualificação dos processos de tomada de decisão de gestão e governabilidade, da ruptura da implementação de artifícios de negação de direitos e subalternidade da Assistência Social a praticas do modelo clientelistas.

    Importa ressaltar dois pontos percebidos na realização desta pesquisa, confirmando o jogo que orquestra as mudanças de regras para realização dos gastos sociais conforme interesse do atual modelo da gestão federal. O primeiro foi a retomada do repasse financeiro (aporte de seis parcelas em setembro/2021) do Índice de Gestão Descentralizada do SUAS (IGD-SUAS) aos estados e municípios. Repasse importante para os operadores da V.S., suspenso desde 2020, tendo a supressão "justificada" pelo aporte de recursos para incremento temporário de ações do SUAS, contudo ainda insuficiente para garantia dos meios de operacionalização da Vigilância Socioassistencial.

    O segundo é a implantação do Programa Auxílio Brasil, uma estratégia de governo com início, meio e fim, que reforça a desresponsabilização do Estado Brasileiro na garantia da segurança de renda e autonomia, afiançada pelo SUAS, firmando a natureza eleitoreira e reducionista. Esse programa não passou por nenhum processo de consulta popular e muito menos por um processo de discussão com participação dos sujeitos que constroem diariamente a Política de Assistência Social. Perceptível também é a imposição de bônus meritocráticos para beneficiários que conseguirem emprego, reforçando a ideia que transferência de renda estimula o ócio e a culpabilização do sujeito sobre sua condição social.

Essas pontuações reforçam e exemplificam a importância desta pesquisa. Mesmo com o histórico subfinanciamento e subalternidade da Assistência Social ante outras políticas de igual prioridade constitucional, a retórica ultraneoconservadora dominante que delibera paulatinamente a desconstrução do Estado Democrático de Direito brasileiro, desde o golpe de 2016, imprime com programas populistas a falsa sensação de "ampliação da inclusão social", maquia os impactos da implementação da Emenda Constitucional 95/2016 ao omitir as medidas de ajuste fiscal e, por conseguinte, desmobiliza o financiamento dos blocos de gestão, serviços, programas e benefícios do Sistema Único de Assistência Social.

Como consequência, a incompatibilidade de recursos públicos destinados à Assistência evidencia efeitos catastróficos da limitação e ineficiência governamental na profissionalização do SUAS. Esses efeitos impactam no processo de concepção, e materialização dos fluxos operacionais da Vigilância Socioassistencial, especialmente nos municípios de pequeno porte I e II, maioria no Território de Identidade Baiano Portal do Sertão.

Então, por fim, esta pesquisa define-se como possibilidade de contribuição e enriquecimento do debate sobre a função mais importante da Assistência Social: a Vigilância Socioassistencial. Especialmente, limitando o olhar para o TI Portal do Sertão, cuja configuração peculiar dos seus municípios aponta a desigualdade histórica do financiamento e cumprimento do pacto federativo e como isso se assevera com a implementação da política fiscal proposta na EC 95/2016.

Para além do mero repasse de dados, alimentação superficial dos sistemas do Estado e Federal, faz-se necessário constituir de forma padronizada, em cada município do TI Portal do Sertão, metodologias e ferramentais operacionais dos fluxos da V.S., resultando em sua articulação com as demais funções: proteção social e defesa de direitos.

Obviamente que a complexidade desse processo exige dos gestores, trabalhadores do SUAS e operadores da Vigilância amadurecimento e disputa de narrativas, que construam, nos espaços de correlação de forças técnicas e políticas, a priorização da Política de Assistência Social como principal intervenção de desenvolvimento social e a V.S como principal ferramenta teórica-metodológica, ética-política e profissional para mensuração de dados que retratem verdadeiramente as condições sociais territorializadas existentes.

Para o futuro, importa ressaltar a necessidade de aprofundamento do estudo sobre a participação do Controle Social, a partir da constituição paritária com representantes governamentais e da sociedade civil dos Conselhos Municipais de Assistência Social. Ator imprescindível para análise, apreciação, aprovação e validação dos produtos da Vigilância Socioassistencial, quais sejam: pesquisas e diagnósticos, planos, relatórios de gestão, dentre outros, visto que é de sua competência aprovar a Política de Assistência Social, normatizar as ações e regular a prestação de serviços de natureza pública e privada no campo dessa política, convocar conferências, zelar pela efetivação do SUAS, apreciar e aprovar a proposta orçamentária e a prestação de contas física e financeira do órgão gestor municipal.

Este é um ano de conferências, e conquistamos um salto qualitativo na defesa dessa função, ao garantir a discussão específica da vigilância, transversalizando a pauta de financiamento, controle social, garantia e acesso às seguranças socioassistenciais e atuação do SUAS em situação de calamidade pública. Essa é uma conquista da militância dos profissionais, gestores, conselheiros e usuários do SUAS, comprometidos verdadeiramente com uma sociedade justa, cuja organização e mobilização existe e resiste, desde sempre e para sempre, na contramão das deliberações neoliberais e neoconservadoras que direcionam a gestão federal.

O caminho é árduo, muitas vezes se frustram oportunidades de reação coletiva, mas vale a pena cada gota de suor derramado no chão do SUAS, para compor as fileiras de luta em defesa da obrigatoriedade constitucional de financiamento da Política de Assistência Social no Brasil, na Bahia e no Território de Identidade Portal do Sertão.

REFERÊNCIAS

ALCHORNE, Sindely Chahim de Avellar. *20 anos de LOAS* – análise das normativas nacionais – O Social em Questão – Anexo XVII. Pontifícia Universidade Católica, Rio de Janeiro, v. 16, p. 25-46, n. 30, 2013.

ARREGUI, Carola Carbajal; KOGA, Dirce. Ministério do Desenvolvimento e Combate à Fome. *Vigilância Socioassistencial*: garantia do caráter público da Política de Assistência Social. Caderno 3. Brasília: Secretaria Nacional de Assistência Social, 2013.

BAHIA. *A Construção da Vigilância Socioassistencial no SUAS*. Salvador: Secretaria Estadual de Justiça, Direitos Humanos e Desenvolvimento Social/SJDHDS, Superintendência de Assistência Social/SAS, 2018.

BAHIA. *Decreto n. 12.354, de 25 agosto de 2010*. Institui o Programa Territórios de Identidade e dá outras providências. Bahia, 25 ago. 2010.

BAHIA. *Orientações Técnicas do Registro de Acompanhamento Físico*. Salvador: Secretaria Estadual de Justiça, Direitos Humanos e Desenvolvimento Social/SJDHDS/Superintendência de Assistência Social/SAS, 2018.

BAHIA. *Plano Estadual de Assistência Social*. Salvador: Secretaria Estadual de Justiça, Direitos Humanos e Desenvolvimento Social/SJDHDS/Superintendência de Assistência Social/SAS, 2020.

BAPTISTA, Myrian Veras. *Planejamento Social:* intencionalidade e instrumentação. 2. ed. São Paulo: Veras Editora; Lisboa: CPHTS, 2002.

BEHRING, Elaine. *Política social no capitalismo tardio*. São Paulo: Cortez, 1998.

BEHRING, Elaine. Rotação do capital e crise: fundamentos para compreender o fundo público e a política social. *In:* SALVADOR, Evilasio *et al.* (org.). *Financeirização, fundo público e política social*. São Paulo: Cortez, 2012. p. 153-180.

BEHRING. Elaine. Fundo público: um debate estratégico e necessário. *In:* XV ENCONTRO NACIONAL DE PESQUISADORES EM SERVIÇO

SOCIAL (ENPESS), 2016, Ribeirão Preto. 20 anos de diretrizes curriculares, 70 de Abepss e 80 de Serviço Social no Brasil. Formação e trabalho profissional — reafirmando as diretrizes curriculares da Abepss. *Anais* [...]. Brasília: Abepss, 2016.

BEHRING, Rossetti Elaine; BOSCHETTI, Ivanete. *Política social*: fundamentos e história. São Paulo: Cortez, 9. ed., 2011.

BENEVIDES, Claudia do Valle. *Um Estado de Bem-Estar Social no Brasil?* Dissertação (Mestrado em Economia) – Programa de Pós-graduação em Economia, Universidade Federal Fluminense, Rio de Janeiro, 2011. Disponível em: http://www.proac.uff.br/cede/sites/default/files/EBES_no_Brasil_2_dissertação_benevides.pdf. Acesso em: 9 nov. 2019.

BLYTH, Mark. Uma introdução acerca da austeridade, dívidas e moralidades. *In:* BLYTH, Mark. *Austeridade:* a história de uma ideia perigosa. Tradução de Freitas e Silva. São Paulo: Autonomia Literária, 2017. p. 18-38.

BOSCHETTI, Ivanete. *Seguridade social no Brasil*: conquistas e limites para sua efetivação. Brasília: UnB; Editora Letras Livres, 2006.

BRASIL. *Constituição Federal (1988)*. Constituição da República Federativa do Brasil. Brasília. Senado, 1988.

BRASIL. Ministério do Desenvolvimento Agrário. *Marco referencial para apoio ao desenvolvimento de territórios rurais*. Brasília, 2005.

BRASIL. Ministério do Desenvolvimento Social e Combate à Fome. *Caderno de estudos do Curso de Indicadores para Diagnóstico do SUAS e do Plano Brasil sem Miséria*. Brasília: MDS, Secretaria de Avaliação e Gestão de Informação; Secretaria Nacional de Assistência Social, 2013.

BRASIL. Ministério do Desenvolvimento Social e Combate à Fome. *Caderno de Orientações sobre Índice de Gestão Descentralizada do Sistema Único de Assistência Social* – IGDSUAS. Brasília: Secretaria Nacional de Assistência Social, 2012.

BRASIL. Ministério do Desenvolvimento Social e Combate à Fome. CAPACITASUAS. Caderno 3. *Vigilância Socioassistencial:* garantia do caráter público da Política de Assistência Social – Brasília: MDS/Secretaria Nacional de Assistência Social, 2013.

BRASIL. Ministério do Desenvolvimento Social e Agrário. CAPACITASUAS. *Curso de atualização em vigilância socioassistencial do SUAS*. Brasília: MDSA, Secretaria de Avaliação e Gestão da Informação, Secretaria Nacional de Assistência Social; Centro de Estudos Internacionais sobre o Governo. Brasília, 2016.

BRASIL. Ministério do Desenvolvimento Social e Combate à Fome. *Norma Operacional Básica do Sistema Único de Assistência Social*. Brasília: Secretaria Nacional de Assistência Social, 2012.

BRASIL. Ministério do Desenvolvimento Social e Combate à Fome. *Política Nacional de Assistência Social*. Brasília: Secretaria Nacional de Assistência Social, 2004.

BRASIL. Ministério do Desenvolvimento Social e Combate à Fome. *Prontuário SUAS*. Brasília, 2013.

BRASIL. *Referências para o desenvolvimento territorial sustentável*. Brasília: Conselho Nacional de Desenvolvimento Rural Sustentável/Condraf/Núcleo de Estudos Agrários e Desenvolvimento Rural/NEAD, 2003.

BRASIL. Ministério do Desenvolvimento Social e Combate à Fome. *Orientações Técnicas da Vigilância Socioassistencial*. Brasília: Secretaria Nacional de Assistência Social. Brasília, 2016.

CARDOSO DE MELLO, João Manuel. *O Estado brasileiro e os limites da estatização*: ensaios de opinião. Rio de Janeiro: Paz e Terra, 1977.

CARVALHO, Maria do Carmo Brant de. *Gestão Social e Trabalho Social*: desafios e percursos metodológicos. São Paulo: Cortez, 2014.

CARVALHO, Maria do Carmo Brant de. Gestão Social e Políticas Públicas, uma questão ainda em debate no século XXI. *In:* CARVALHO, Maria do Carmo Brant de. *Gestão Social*: mobilizações e conexões. São Paulo: LCTE, 2013.

COHN, Amélia. A Questão Social no Brasil: a difícil construção da cidadania. *In:* MOTA, Carlos Guilherme (org.). *Viagem incompleta*: a experiência brasileira (1500-2000) – a grande transação. São Paulo: Editora SENAC São Paulo, 2000.

COUTO, Berenice Rojas. *O direito social e a assistência social na sociedade brasileira*: uma equação possível? São Paulo. Cortez, 2017.

COUTO, Berenice Rojas *et al.* (org.). *O Sistema Único de Assistência Social no Brasil*: uma realidade em movimento. São Paulo: Cortez, 2010.

CRUZ, Danilo Uzêda da. *Estado, desenvolvimento e política pública*: espaços participativos na gestão dos territórios de identidade da Bahia. Salvador: EGBA, 2015. 304 p.

DAGNINO, Evelina; OLIVEIRA, Alberto J.; PANFICHI, Aldo (org.). *A disputa pela construção democrática na América Latina*. São Paulo: Ed. Paz e Terra/UNICAM, 2002.

DAIN, Sulamis. O financiamento público na perspectiva da política social. *Economia e Sociedade*, Campinas, n. 17, p. 113-140, dez. 2001.

DIAS, Wilson J. V. *Territórios de identidade e políticas públicas na Bahia*: gênese, resultados, reflexões e desafios. 2017. 216 f. Dissertação (Mestrado em Planejamento Territorial) – Universidade Estadual de Feira de Santana – UEFS, Feira de Santana-BA, 2017.

DI GIOVANNI, Geraldo. Sistema de proteção social: uma introdução conceitual. *In:* OLIVEIRA, M. A. de (org.). *Reforma do Estado e política de emprego*. Campinas: IE/UNICAMP, 1998. p. 9-29.

DRAIBE, Sonia. *Brasil:* o sistema de proteção social e suas transformações recentes. Santiago do Chile: Cepal/ Naciones Unidas, 1993. (Série "Reformas de Política Pública", n. 14).

DRAIBE, Sonia. *Rumos e metamorfoses*: um estudo sobre a constituição do Estado e as alternativas da industrialização no Brasil, 1930-1960. Rio de Janeiro: Paz e Terra, 2006.

DWECK, Esther. A PEC 55 é o desmonte das conquistas sociais. *Revista Princípios*, n. 145, 2016.

DWECK, Esther; OLIVEIRA, Ana L.M. de.; ROSSI, Pedro. *Austeridade e Retrocessos*: impactos sociais da política fiscal no Brasil. 1. ed. v. 1. São Paulo: Brasil Debate e Fundação Friedrich Ebert, 2018.

FARIAS, Luís Otávio P. *A construção da Vigilância Socioassistencial no SUAS*. Disponível em: http://portalsocial.sedsdh.pe.gov.br/sigas/Arquivos/Capacitacao2013/Meta03/compesa/Vigil%C3%A2ncia_Social.pdf. Acesso em: 20 jan. 2020.

FARIAS, Luís Otávio P. *Vigilância Socioassistencial*: texto base apresentado à CIT no processo de revisão da NOB/SUAS, Sistema Único de Assistência Social. 2005.

FONSEAS, Fórum Nacional de Secretários/as de Estado da Assistência Social. *Pesquisa sobre Orçamento e Gestão Financeira do Sistema Único de Assistência Social nos Estados e Distrito Federal*. Disponível em: http://fonseas.org.br/pesquisa-sobre-orcamento-e-gestao-financeira-do-suas/. Acesso em: 13 jun. 2021.

FOUCAULT, Michel. *Nascimento da biopolítica*: Curso dado no College de France (1978-1979). São Paulo: Martins Fontes, 2008. Capítulos: "Aula de 7 de fevereiro de 1979"; "Aula de 14 de fevereiro de 1979"; "Aula de 14 de março de 2019"; Aula de 21 de março de 1979".

FOUCAULT, Michel. *Segurança, Território, população*: Curso dado no College de France (1977-1978). São Paulo: Martins Fontes, 2018. Capítulos: "Aula de 1º. de fevereiro de 1978"; "Aula de 8 de fevereiro de 1978".

GARSON, Sol. Orçamento Público. *In:* GIAMBIAGI, Fabio; ALÉM, Ana Claudia. *Finanças Públicas*: teoria e prática no Brasil. 5. ed. Colaboração de Sol Garson. Rio de Janeiro: Elsevier Editora, 2016.

GONH, Maria da Glória M. *Teoria dos Movimentos Sociais*. v. 1. 3. ed. São Paulo: Edições Loyola, 2002.

GUERRA, Alexandre Lalau. *Estado, garantia de renda e geração de oportunidades*: a estratégia da Prefeitura de Osasco no período 2005-2012. 2017. 197 f. Tese (Doutorado em Administração Pública e Governo) – FGV, São Paulo, 2017.

IAMAMOTO, Marilda V.; CARVALHO, Raul de. *Relações sociais e Serviço Social no Brasil*: esboço de uma interpretação histórico-metodológica. São Paulo: Cortez, 1982.

IAMAMOTO, Marilda V. *O Serviço Social na contemporaneidade*: trabalho e formação profissional. São Paulo: Cortez, 2003.

JACCOUD, Luciana; BICHIR, Renata; MESQUITA, Ana Cleusa. O SUAS na Proteção Social Brasileira: transformações recentes e perspectivas. *Novos estudos Cebrap*, v. 36, n. 2, p. 37-53, out. 2017.

JACCOUD, Luciana *et al*. O Novo Regime Fiscal e suas implicações para a Política de Assistência Social no Brasil. *Nota Técnica*, Brasília, n. 27, set. 2016.

JANNUZZI, Paulo de Martino. Indicadores para diagnóstico, monitoramento e avaliação de programas sociais no Brasil. *Revista do Serviço Público Brasília*, v. 56, n. 2, p. 137-160, abr./jun. 2005. Disponível em: http://www.conei.sp.gov.br/ind/indsociais-revista-serv-publico.pdf. Acesso em: 2 nov. 2020.

JANNUZZI, Paulo de Martino. *Indicadores sociais na formulação e avaliação de políticas sociais*. Disponível em: https://www.nescon.medicina.ufmg.br/biblioteca/imagem/2012.pdf. Acesso em: 2 nov. 2020.

JANNUZZI, Paulo de Martino. *Monitoramento e Avaliação de Programas Sociais*: uma introdução aos conceitos e técnicas. Campinas: Alínea, 2016.

KOGA, Dirce. *Medidas de cidades*. Entre territórios de vida e territórios vividos. São Paulo: Cortez, 2003.

KOGA, Dirce. Territórios de vivência em um país continental. *Serviço Social e Saúde*, v. 14, n. 1, p. 9-26, 2015.

OLIVEIRA, Juliene Agilo. *O processo de implantação da Vigilância Socioassistencial nos municípios da Alta Sorocaba/SP*: trajetórias e metodologias. Tese

(Doutorado em Serviço Social e Política Social) – Programa de Estudos de Pós-Graduação em Serviço Social, Pontifícia Universidade Católica de São Paulo, São Paulo, 2016.

PEREIRA, Potyara Amazoneida Pereira. A política social no contexto da seguridade social e do Welfare State: a particularidade da assistência social. *Revista Serviço Social e Sociedade*, São Paulo, v. 56. p. 60-76, 1998.

PEREIRA, Potyara Amazoneida Pereira. *Necessidades Humanas*: subsídios à crítica dos mínimos sociais. São Paulo: Cortez, 2002.

PEREIRA, Potyara Amazoneida Pereira. *Política social:* temas e questões. São Paulo: Cortez, 2008.

PERES, Thais. Helena de Alcântara. Comunidade Solidária: a proposta de um outro modelo para as políticas sociais. *CIVITAS* – Revista de Ciências Sociais, Porto Alegre, v. 5, n. 1, 2005.

PIRES, Flávia Cristina de Paula Gomes. *A institucionalização da função vigilância socioassistencial no sistema único de assistência social* (SUAS). São Paulo: PUC, 2016.

POCHMANN, Marcio. Proteção Social na Periferia do Capitalismo: considerações sobre o Brasil. *São Paulo em Perspectiva*, v. 18, n. 2, p. 3-16, 2004.

RAICHELIS, Raquel. Intervenção profissional do assistente social e as condições de trabalho no SUAS. *Serviço Social & Sociedade*, n. 104, p. 750-772, out./dez. 2010.

RIZZOTTI, Maria Luiza Amaral. *A construção do sistema de proteção social no Brasil*: avanços e retrocessos na legislação social. Disponível em: www.sisnet.aduaneiras.com.br. Acesso em: 10 dez. 2019.

RIZZOTTI, Maria Luiza Amaral; DA SILVA, T.G.M. A vigilância social na política de assistência social: uma aproximação conceitual. *Serviço Social em Revista*, v. 15, n. 2, p. 130-151, 2013.

ROSSI, Pedro; DWECK, Esther. Impacto do Novo Regime Fiscal na saúde e educação. *Cad. Saúde Pública*, Rio de Janeiro, v. 32, n. 12, p. 1-5, 2016.

Disponível em: http://www.scielo.br/pdf/csp/v32n12/1678-4464-csp-32-12-e00194316.pdf. Acesso em: 10 dez. 2020.

SANTOS, Milton. *A natureza do espaço*: técnica e tempo – razão e emoção. São Paulo: Edusp, 2004.

SANTOS, Milton. *Da totalidade ao Lugar*. São Paulo, Edusp, 2012a.

SANTOS, Milton. *O espaço do cidadão*. São Paulo: Nobel, 2008.

SANTOS, Milton. *Por uma Geografia Nova*. São Paulo: Edusp, 2012b.

SANTOS, Milton. *Território, Globalização e Fragmentação*. São Paulo: Hucitec, 1994.

SANTOS, Wanderley Guilherme dos. *Cidadania e Justiça*: a política social na ordem brasileira. Rio de Janeiro: Ed. Campus, 1987.

SIMÕES, Carlos. *Curso de Direito do Serviço Social*. v. 3. São Paulo: Cortez, 2007.

SPOSATI, Aldaíza de O. Modelo brasileiro de proteção social não contributiva: concepções fundantes. *In:* BRASIL. Ministério do Desenvolvimento Social e Combate à fome. *Concepção e gestão da proteção social não contributiva no Brasil*. Brasília: MDS/Unesco, 2009. p. 13-56.

SPOSATI, Aldaíza de O. (org.) *Nota Técnica do NEPSAS*: SUAS e Proteção Social na Pandemia COVID-19. Programa de Estudos Pós-Graduados em Serviço Social. Núcleo de Estudos e Pesquisas em Seguridade Social e Assistência Social. Pontifícia Universidade Católica de São Paulo. São Paulo. 2020.

TAPAJÓS, Luziele. A Gestão da Informação na Assistência Social. *In:* BRASIL. Ministério de Desenvolvimento Social e Combate à Fome. *Concepção e gestão da proteção social não contributiva no Brasil*. Brasília: MDS/UNESCO, 2009.

TEIXEIRA, Elenaldo. *O local e o global*: limites e desafios da participação cidadã. 2. ed. São Paulo: Cortez, UFBA: Salvador, 2001.

THEODORO, Mário. A PEC 241 é a única saída para a crise fiscal? *Boletim Legislativo*, Brasília, Senado Federal, nov. 2016.

TORRES, Iraildes Caldas. *As primeiras-damas e a assistência social*: relações de gênero e de poder. São Paulo: Cortez, 2002.

YAZBEK, Maria Carmelita. Globalização, precarização das relações de trabalho e seguridade social. *Revista Serviço Social e Contemporaneidade*, São Paulo, n. 56, p. 50-59, mar. 1998.

YAZBEK, Maria Carmelita. Os fundamentos do Serviço Social na contemporaneidade. *In:* CFESS-ABEPSS. *Capacitação em Serviço Social e política social*, módulo 4. Brasília: UNB/CEAD, 2000.